O MELHOR DO
SEXO

Respostas sobre sexualidade à luz da Palavra de Deus

O MELHOR DO SEXO

Osiel Gomes

Editora Vida
Rua Conde de Sarzedas, 246 — Liberdade
CEP 01512-070 — São Paulo, SP
Tel.: 0 xx 11 2618 7000
atendimento@editoravida.com.br
www.editoravida.com.br
@editora_vida /editoravida

Editora-chefe: Sarah Lucchini
Editor responsável: Maurício Zágari
Revisão de provas: Jacqueline Mattos e Eliane Viza
Projeto gráfico: Claudia Fatel Lino
Diagramação: Marcelo Alves de Souza
Capa: Vinicius Lira

O MELHOR DO SEXO
© 2023, por Osiel Gomes

Todos os direitos desta edição em língua portuguesa são reservados e protegidos por Editora Vida pela Lei 9.610, de 19/02/1998.

É proibida a reprodução desta obra por quaisquer meios (físicos, eletrônicos ou digitais), salvo em breves citações, com indicação da fonte.

■

Exceto em caso de indicação em contrário, todas as citações bíblicas foram extraídas da *Nova Versão Internacional* (NVI)
© 1993, 2000, 2011 by International Bible Society, edição publicada por Editora Vida.
Todos os direitos reservados.

Todas as citações bíblicas e de terceiros foram adaptadas segundo o Acordo Ortográfico da Língua Portuguesa, assinado em 1990, em vigor desde janeiro de 2009.

■

As opiniões expressas nesta obra refletem o ponto de vista de seus autores e não são necessariamente equivalentes às da Editora Vida ou de sua equipe editorial.

Os nomes das pessoas citadas na obra foram alterados nos casos em que poderia surgir alguma situação embaraçosa.

Todos os grifos são do autor, exceto os indicados.

1. edição: dez. 2023

Dados Internacionais de Catalogação na Publicação (CIP)
(Câmara Brasileira do Livro, SP, Brasil)

Gomes, Osiel
  O melhor do sexo : respostas sobre relações sexuais à luz da palavra de Deus / Osiel Gomes. -- São Paulo : Editora Vida, 2023.

  Bibliografia
  ISBN 978-65-5584-471-9

  1. Ética sexual - Ensino bíblico 2. Sexo - Aspectos religiosos - Cristianismo
3. Sexualidade - Aspectos religiosos - Cristianismo 4. Vida sexual I. Título.

23-182893   CDD-241.66

Índice para catálogo sistemático:

1. Sexo : Ética religiosa : Cristianismo 241.66
Eliane de Freitas Leite - Bibliotecária - CRB 8/8415

Esta obra foi composta em *Warnock Pro*
e impressa por Gráfica Expressão e Arte sobre papel
Offset 90g/m² para Editora Vida.

O MELHOR DO SEXO

Introdução/9

1. O sexo e a religião/13

2. Cinco aspectos do sexo/43

3. A discriminação da mulher na História/79

4. Prazer sexual e moralidade/89

5. A estrutura sexual no escopo bíblico/109

6. A linguagem sexual/125

7. Filhos, uma bênção do sexo/135

8. Desvios sexuais/149

Conclusão/169

Referências bibliográficas/173

INTRODUÇÃO

Deus criou a sexualidade humana dentro de parâmetros muito bem definidos. No Éden, o contexto divinamente planejado para a vivência do sexo e o papel de homens e mulheres estavam claros e perfeitamente alinhados com a santidade almejada pelo Criador. No entanto, com a Queda, o pecado passou a distorcer a forma como a humanidade enxerga, almeja e vive o sexo, e isso vem se reproduzindo a cada nova geração.

As distorções da sexualidade humana nos obrigam a lidar com questões que requerem explicações adequadas aos nossos tempos, o que constitui um desafio tanto para as comunidades religiosas quanto para especialistas em comportamento humano. Porém, como procurarei mostrar neste livro, não podemos tratar essa problemática seguindo os parâmetros da antiga ética tradicional. Antes, devemos fazê-lo à luz da nova realidade que se apresenta diante de nós, no dia a dia da sociedade em que vivemos.

Portanto, pastores, teólogos e demais líderes cristãos precisam se informar cada vez mais sobre o tema, a fim de lidar com ele de forma ética e sábia no confronto com as filosofias que ensinam modos biblicamente errados de entender a sexualidade. São oportunas aqui as palavras do teólogo e pastor batista Alan Pallister:

> Consideraremos o fato de a ética cristã não ser apenas a defesa de valores tradicionais, mas ser sob muitos aspectos inovadora e revolucionária. Nas áreas em que o cristão se vê mais constrangido por ter de remar contra a maré, pode ser que a alternativa que ele propõe venha a ser considerada, mesmo por não cristãos, como algo extraordinariamente inovador e libertador. É que aquilo que se chama nova moralidade, na verdade, não tem nada novo.[1]

Neste livro, nosso objetivo é abordar a sexualidade humana sob diferentes ângulos: histórico, teológico, biológico, social, emocional, filosófico e ético, entre outros. Não é nossa pretensão ser uma voz dogmática sobre o assunto, mas fazer com que o leitor entenda a bênção do sexo do ponto de vista bíblico. Além disso, mostraremos que visões religiosas distorcidas e a interpretação equivocada

---

[1] PALLISTER, Alan. **Ética cristã hoje**: Vivendo um cristianismo coerente em uma sociedade em mudança rápida. São Paulo: Shedd, 2005, p. 168.

Introdução

de alguns filósofos e teólogos têm levado muita gente a considerá-lo algo desagradável e até repugnante.

Nossa jornada pelos diversos caminhos da ciência e da religiosidade tem a finalidade de levar o leitor a uma compreensão da sexualidade como Deus a criou para ser, a fim de que possa viver essa dádiva de forma orientada pelo texto bíblico e não por decisão de grupos humanos. Afinal, como diz o apóstolo Paulo: "Cada um deve estar plenamente convicto em sua própria mente" (Romanos 14.5b).

Assim devemos crer e, consequentemente, proceder — e é o que incentivarei ao longo das próximas páginas.

UM

O SEXO E A RELIGIÃO

A sociedade como um todo transpira sexo e o trata sem mais nenhum pudor.

É aí que entra o questionamento:

como os cristãos devem lidar com tudo isso?

Em décadas passadas, a sexualidade era um assunto tratado em público pela sociedade de forma tímida, silenciosa e escondida, embora entre quatro paredes ocorressem os mais vergonhosos desvios. Porém, hoje, essa temática é bem visível aos olhos de todos. Livros que versam sobre sexo estão entre os mais vendidos, *websites* que viabilizam pornografia e encontros sexuais estão entre os mais acessados, serviços de exposição paga do corpo feminino movimentam milhões de reais por ano em todo o planeta. A sociedade como um todo transpira sexo e o trata sem mais nenhum pudor. É aí que entra o questionamento: como os cristãos devem lidar com tudo isso?

A sexualidade em nossa sociedade segue sendo proposta a partir de vozes bastante opostas: enquanto umas se levantam para defender padrões de recato e santidade, outras propõem a mais completa permissividade. O discurso do "isso não pode" ou "isso é pecado" já não convence muitas pessoas, porque elas buscam informações por conta própria, e a ênfase na promoção dos valores éticos e morais que visam contribuir para o progresso humano (o moralismo positivista) já encontra bastante respaldo, em face dos numerosos escândalos sexuais causados por pessoas vistas como pilares da moralidade. Por isso, para compreendermos o presente, precisamos começar por entender como a questão era encarada no passado.

SEXUALIDADE

Cabe aqui uma explicação concisa do que é *sexualidade*. Ela pode ser definida como o conjunto de excitações presentes em determinado indivíduo desde a sua infância. A sexualidade sofre limitações em razão dos diversos mitos que lhe são atribuídos, e seu ajuste se dá conforme o tempo e a interpretação da sociedade em que vive aquela pessoa.

A sexualidade sempre recebeu atenção nas diferentes comunidades humanas. As questões relacionadas à sua vivência foram incluídas nos primeiros códigos legislativos — naturalmente, com particularidades estabelecidas a partir dos valores culturais e religiosos de cada grupo sociocultural. No antigo Egito, por exemplo, as mulheres podiam manifestar seus desejos aos homens. Na Grécia, o sexo era visto não somente como ato de prazer, e as virgens eram usadas como moeda de troca. E assim por diante. Fica claro que a questão sempre foi processada conforme o entendimento de cada grupo e o que era aceito em uma coletividade era rejeitado em outra, de modo que o tema se reveste de complexidade.

No que tange ao cristão, é evidente que ele deve atentar para a Bíblia, a fim de identificar os pontos em que a sociedade ultrapassa e até contradiz os padrões divinos. Porém, é de grande ajuda entender a abordagem religiosa da sexualidade não só na concepção cristã, mas também na visão judaica, na história geral e em momentos específicos da trajetória humana, a fim de compreendermos com clareza quais são os valores e princípios do mundo em que vivemos.

A ABORDAGEM RELIGIOSA DA SEXUALIDADE

A religião sempre interferiu na sexualidade, o que quase sempre resultou em sérias restrições ao que a sociedade secular deseja em termos de permissividade. Ao contrário do que muitos podem pensar, esse tipo de limites não tem sua origem na Bíblia. Em grande parte, ela provém da análise dos mitos religiosos gregos, nos quais se destacava a vida promíscua dos deuses antigos.

Portanto, em alguns âmbitos religiosos, o prazer sexual costuma ser visto de modo bem negativo, quando deveria ser o contrário. Nesse quesito, o budismo e o catolicismo romano cometem o que considero ser os maiores equívocos, como o de realçar o celibato e criar normas rígidas contra os desejos sexuais. Muitos budistas pregam que o prazer erótico é errado, pois a pureza espiritual não poderia ser alcançada em consonância com os desejos. Também é fruto da religiosidade a ideia de que o sexo serve apenas para a procriação ou que somente determinadas posições são aceitáveis para sua prática.

Podemos dizer que o erro de grande parte do cristianismo foi não lançar um olhar acurado sobre a questão da sexualidade, o que resultou em interpretações autoritárias e estranhas aos reais propósitos de Deus. É certo que a Bíblia condena atos sexuais praticados em desacordo com as normas bíblicas, mas em momento algum o prazer é visto pelo Senhor como anormal ou imoral. A leitura de Cântico dos Cânticos,

> *Podemos dizer que o erro de grande parte do cristianismo foi não lançar um olhar acurado sobre a questão da sexualidade.*

um livro canônico, mostra justamente como desfrutar a vida a dois sem nenhum sentimento de culpa.

O posicionamento severo de grande parte da Igreja em muitas fases de sua história criou diversos problemas, inclusive casamentos indesejados, atos sexuais forçados e esfriamento da vida íntima de casais. A historiadora, escritora e professora brasileira Mary Del Priore comenta:

> Na visão da Igreja [Católica Romana no Brasil Colônia], não era por amor que os cônjuges deviam unir-se, mas sim por dever: para pagar o débito conjugal, procriar e finalmente lutar contra a tentação do adultério. O sentimento de dever e disciplina reproduzia a perspectiva de um adestramento feminino no que dissesse respeito a práticas e afetos no interior do matrimônio, mas também fora dele. Era a identificação mesma que faziam as mulheres em relação a tais exigências que as distinguiam como "santas" ou devassas. A opção que a Igreja oferecia era "arder no fogo aceso pela providência divina", ou naufragar nos mares das paixões ilícitas.[1]

Muito se usou a Bíblia também para defender a ideia de que os pais tinham plenos poderes para oferecer as filhas em casamento sem lhes dar outra opção ou pelo menos a oportunidade de falar. Contudo, o caso bíblico de Rebeca, em que o pai pergunta se é do desejo dela casar-se ou não com Isaque, já desmente essa teoria (cf. Gênesis 24.57,58). Deus dotou homem e mulher com a mesma liberdade de escolha, porém a sociedade alterou essa condição ao longo do tempo.

---

[1] PRIORE, Mary Del. **Ao sul do corpo**: Condição feminina, maternidades e mentalidades no Brasil Colônia. São Paulo: Unesp, 2009, p. 113.

O SEXO NA VISÃO JUDAICA

O entendimento a respeito do sexo nos tempos do Antigo Testamento pode ser dividido em dois períodos: o do judaísmo primitivo e o do judaísmo pós-exílico.

O sexo na visão do judaísmo primitivo

Os livros que versam sobre a cultura bíblica falam da crença de se aprimorar a vida espiritual e a comunhão com deuses por meio de algum tipo de "prostituição santa".[2] No judaísmo, porém, compreendia-se que o Senhor era o Criador de todas as coisas. Ele formou o homem e a mulher de acordo com um padrão (cf. Gênesis 1.27,28), de modo que se procurava banir da sexualidade o envolvimento de deuses e demônios.[3] O desejo do Todo-Poderoso de que a humanidade encontre satisfação pessoal no sexo é exaltado até mesmo na poesia de Cântico dos Cânticos e em Provérbios. Sobre o sexo nos tempos antigos, William L. Coleman esclarece:

> O ato sexual praticado entre marido e mulher tinha duas finalidades: gerar filhos e proporcionar-lhes prazer. Os judeus não

---

[2] Nos cultos antigos, como na Mesopotâmia e na Grécia, as pessoas dedicavam templos aos deuses. As mulheres serviam como sacerdotisas e em seus rituais desenvolviam atividades sexuais como forma de culto para honrar tais divindades, de modo que muitas delas eram chamadas de sacerdotisas do amor ou prostitutas sagradas. Por meio dessa prática cultual se objetivava a fertilidade da terra e o sucesso das colheitas. Além disso, criam que com isso criava-se uma conexão da comunidade com as divindades, mantinha-se a ordem entre o reino divino e o humano, promovia-se o equilíbrio cósmico, purificava-se a comunidade e traziam-se as bênçãos dos deuses aos homens.

[3] A ideia de que deuses e demônios agiam na área da sexualidade estava presente em algumas mitologias e tradições religiosas ao redor do mundo.

viam o sexo como um problema, nem como um fardo. A abordagem do assunto feita por Paulo é altamente esclarecedora (cf. 1Coríntios 7.1-7), pois ele argumenta que o casal devia manter relações sexuais regularmente. E não só a mulher tinha o dever de proporcionar prazer ao marido, mas este tinha também a responsabilidade de dar prazer a ela. Ele recomendava um certo domínio próprio, mas reconhecia a necessidade de as pessoas terem satisfação física.[4]

A realização sexual deveria acontecer com o envolvimento de homem e mulher no mais elevado nível de prazer, e isso produziria louvor ao Criador, por ele ter proporcionado esse encontro. Tanto é assim que, nos primeiros capítulos de Gênesis, o sexo não é apresentado como algo repugnante, pelo contrário: o ambiente é magnífico, não há esterilidade nem celibato e a vida a dois podia ser vivida na mais bela comunhão.

No entanto, esse quadro foi desfeito pelo pecado e, na queda, começaram a surgir as concepções erradas sobre a sexualidade, como a distorção dos papéis de homem e mulher (cf. Gênesis 3.16). Podemos dizer que o judaísmo primitivo entendia o sexo originalmente como uma dádiva de Deus e compreendia que só depois de o pecado ter entrado no mundo, as perversões passaram a fazer parte das práticas sexuais. Os povos que não viviam em aliança com o Senhor, como os habitantes originais de

A realização sexual deveria acontecer com o envolvimento de homem e mulher no mais elevado nível de prazer, e isso produziria louvor ao Criador.

---

[4] COLEMAN, William L. **Manual dos tempos e costumes bíblicos.** Venda Nova: Betânia, 1991, p. 112.

Canaã, adotaram muitas distorções, pois não entendiam o corpo como bênção divina.

O sexo na visão do judaísmo pós-exílico

Enquanto estavam no cativeiro babilônico, os judeus tiveram contato com os persas, que eram dualistas em sua visão de mundo, ou seja, acreditavam que Deus não era o único que governava tudo, como pensavam os judeus, mas que havia uma força oposta, conflitante com o bem, cujo nome era Belial. Aquela cultura passou, então, a abraçar essa ideia, de modo que duas classes de pessoas passaram, em seu entendimento, a viver no mundo: os bons e os maus. A crença era que no fim de tudo o bem prevaleceria contra o mal.

O dualismo ético resultante desse pensamento levou muitos a entender que o corpo e a questão sexual não tinham valor algum. Os filhos de Belial praticavam a maldade, enquanto os filhos do bem se esforçavam para proceder sabiamente. Os judeus da época do cativeiro foram influenciados pelo pensamento dualista, pois eles sempre tendiam a se envolver com outros povos, o que Deus condenava. Evidencia essa realidade, por exemplo, o livro do profeta Ezequiel, que contém acusações contra os muitos pecados sexuais que os israelitas passaram a praticar por influência das nações pagãs.

No aspecto histórico, vemos nesse contexto a luta de muitos judeus por viver a pureza sexual, daí a prática do ascetismo, especialmente entre os essênios. Essa filosofia de vida gerou regras excessivamente rígidas com relação ao corpo e o sexo passou a ser encarado como algo sujo, feio e nojento. Um dos primeiros a pregar essa visão equivocada foi Mani, fundador do maniqueísmo,[5] no século terceiro. Ele afirmava:

> A mulher [...] é uma criatura do demônio; o homem o é só pela metade; acima da cintura ele é criatura de Deus, o resto é produto do demônio. A união do homem e da mulher no casamento é, portanto, uma obra do demônio ao quadrado.[6]

Toda reação contra o sexo, o corpo e a mulher vem de longe, perpassa várias gerações e estabelece um preconceito muito grande, que precisamos desfazer.

O sexo na visão cristã

Nossa percepção é que toda distorção sobre o sexo é resultado de um pensamento próprio do homem, de modo que aquilo que Deus criou para ser bom e proveitoso se tornou repugnante. Para um bom entendimento da visão cristã, analisaremos a questão pela perspectiva de Jesus, Paulo, Agostinho, Jerônimo e outros grandes nomes da cristandade.

Jesus

Cristo tornou-se um diferencial em sua época porque, embora fosse celibatário, ele nunca transformou essa condição em padrão de santidade ou em ortodoxia. Os líderes religiosos de Israel viam o Mestre com certa contrariedade, pois ele frequentava festas e comia tudo o que lhe era oferecido (cf. Mateus 11.19). O fato é que ele valorizava a

---

[5] Filosofia religiosa que divide o mundo entre o Bom (Deus) e o Mau (o Diabo) e que considera a matéria intrinsecamente má, e o espírito, intrinsecamente bom. (N. do E.)
[6] OLIVEIRA, Raimundo F. de. **Ética cristã**. São Paulo, EETAD, 1987, p. 75.

vida, os homens e as mulheres, e tinha o casamento em alta estima, com especial deferência à mulher (cf. Marcos 10.11 e João 4.27).

Contudo, Jesus falou muito pouco sobre sexo, talvez pelo fato de considerar importante não apenas o ato em si, mas também a pessoa que o pratica, o que confere valor ao sexo (cf. Marcos 12.31 e Mateus 5.28). O indivíduo que atenta apenas para o corpo do outro, sem considerar sua capacidade como ser humano, irá vê-lo somente como objeto de prazer — como ocorre muito na sociedade atual, que valoriza o prazer e o corpo e despreza o respeito e a honra. O cristão, porém, precisa ter outra postura (cf. 1Pedro 3.7).

Apesar do posicionamento de Jesus, os pensamentos equivocados sobre sexo atingiram o cristianismo, por influência da cultura grega. Assim, entendo que, em grande parte, a religião cristã falhou em esclarecer a natureza do amor e seus múltiplos significados, pelo menos em seus séculos iniciais.

Paulo

A visão de Paulo destaca-se pelo valor que ele dá ao casamento de acordo com a perspectiva bíblica. O texto de 1Coríntios 7 é fundamental para entendermos seu posicionamento sobre o ato conjugal. Na igreja de Corinto, dois grupos tinham opiniões extremas a respeito do sexo. O primeiro era liberal, e para ele tudo era permitido. O segundo advogava o ascetismo e via tudo como proibido, inclusive "tocar" em mulher.

A resposta de Paulo foi uma defesa do casamento como instituição divina, pela qual um homem e uma mulher se unem por amor, em uma comunhão social

Paulo tinha plena consciência dos desejos do homem e da mulher. Ele também sabia que Deus concedeu a alguns a capacidade de viver solteiros, mas que nem todos tinham esse dom, de modo que

"é melhor casar-se do que ficar ardendo de desejo".

e legal, com o propósito de estabelecer uma família (cf. Gênesis 1.27,28; 2.18-24). Em sua explanação, o apóstolo lembra que o casamento proporciona vida isenta de prostituição (v. 2), legaliza a vida sexual (v. 3) e cria deveres e responsabilidades (vs. 32,34). Além disso, as relações sexuais no matrimônio não encerram nenhuma impureza nem constituem pecado para os cônjuges.

De acordo com Paulo, o casamento era um antídoto contra os hábitos da sociedade pervertida da época, uma forma de evitar vários tipos de relações sexuais ilícitas (do grego, *porneia*). Embora o apóstolo afirme: "É bom que o homem não *toque* em mulher" (verbo grego que fala de realização sexual), isso não significa que ele era contrário à relação sexual. Na verdade, ele insta os cônjuges a não se privarem (do grego, *apostereîte*, "roubar", "furtar") um do outro, para não pôr o casamento em risco — deixando claro que até a oração em excesso pode atrapalhar a vida a dois. Não é bom ficar muito tempo sem praticar o ato sexual, "para que Satanás não os tente por não terem domínio próprio" (v. 5).

Paulo tinha plena consciência dos desejos do homem e da mulher. Ele também sabia que Deus concedeu a alguns a capacidade de viver solteiros, mas que nem todos tinham esse dom, de modo que "é melhor casar-se do que ficar ardendo de desejo" (v. 9). Ou seja, o apóstolo apresenta o celibato como algo desejável, mas não obrigatório, uma vez que o casamento constitui uma obrigação para aqueles que não conseguem conter o desejo.

Os pais da Igreja

Quanto ao sexo na visão dos primeiros pensadores cristãos, citamos o doutor em Ciências da Religião anglicano

Jaci Maraschin e o historiador, filósofo e teólogo Frederico Pieper Pires: "A patrística é pródiga em alertar os fiéis sobre o papel sedutor da mulher, chegando mesmo a proibir que nos cantos religiosos as vozes femininas tivessem qualquer papel".[7]

O primeiro grande problema na questão do sexo para os pais da Igreja é que eles adotaram um posicionamento platônico. A antropologia de Platão bate de frente com a teologia bíblica, porque o filósofo grego entendia o corpo como um tipo de prisão, da qual o ser humano deveria sair na busca por um mundo ideal. O sexo também estava incluído nessa libertação, pois o desejo comprometia o comportamento das pessoas e podia levá-las a ações indignas.

Na visão platônica, relações sexuais prestavam-se apenas à procriação e não ao prazer, como ensina o Antigo Testamento (cf. Eclesiastes 9.9), por isso passaram a ser vistas de modo negativo. Regras severas deveriam ser aplicadas ao corpo, que de outro modo poderia levar o indivíduo à perdição. Esse entendimento jamais se coadunou com os escritos bíblicos, pois Paulo afirma que cada homem deve ter sua mulher por causa da "imoralidade", não somente para procriação (cf. 1Coríntios 7.2).

Agostinho

Agostinho (354-430), célebre teólogo nascido em Tagasta, no norte da África, era originalmente maniqueu e neoplatonista. Sua juventude e o início da vida adulta foram marcadas por uma vida sexual devassa, e ele acabou tendo

---

[7] MARASCHIN, Jaci; PIRES, Frederico Pieper. **Teologia e pós-modernidade**: Novas perspectivas em teologia e filosofia da religião. São Paulo: Fonte Editorial, 2008, p. 178.

um filho fora do casamento. Alguns estudiosos acreditam que essas experiências influenciaram grandemente sua maneira de pensar a teologia antropológica, pois ele via o corpo com certo desprezo.

No pensamento agostiniano, o homem vivia entre dois polos: amor a Deus e amor a si mesmo. O primeiro procurava o caminho da virtude, das boas obras, da construção de algo espiritual. O segundo conduzia à altivez e ao orgulho excessivo, pois em sua vida existia o pecado original, que, sem dúvida, o arrastava para os desejos descontrolados da carne. Por isso, sua sobrevivência dependia da graça de Deus e do amparo da Igreja.

Para o teólogo africano, o primeiro pecado aconteceu em decorrência de uma revolta da carne, e por ela era transmitido às gerações subsequentes. Assim, fazer sexo era reabrir a ferida e comprometer a honra do ser humano. Mas havia uma forma de suavizar toda essa situação, fundamentada em três bens: o da prole, o da fidelidade e o do sacramento (ou juramento). Por essa perspectiva, o casamento funcionaria como um tipo de freio para evitar a concupiscência.

No entanto, o pensamento de Agostinho vai de encontro ao ensino da Palavra de Deus, pois ele vê o ato sexual como suspeito e cujo papel se limita à procriação. Porém, como já vimos, o sexo também foi dado por Deus para o prazer do homem e da mulher (cf. Deuteronômio 24.5 e Provérbios 5.18). A Bíblia jamais menospreza essa dádiva. O que as Escrituras condenam são as relações sexuais ilícitas, conforme descritas em Levítico 18.1-23.

> *A Bíblia jamais menospreza essa dádiva. O que as Escrituras condenam são as relações sexuais ilícitas, conforme descritas em Levítico 18.1-23.*

Lamentavelmente, a visão de Agostinho contribuiu para interpretações equivocadas sobre o sexo por grande parte da Igreja. Até hoje, sentimos a influência do pensamento desse teólogo sobre muitos grupos de cristãos.

Jerônimo

Outro exímio teólogo foi Jerônimo (347-420), o tradutor da *Vulgata*. Apesar de sua importante contribuição para a cristandade, seu pensamento sobre a sexualidade era muito pobre, pois considerava o sexo animalesco, sem vínculo algum com o amor. Para ele, a virgindade era o caminho certo para o cristianismo. O casamento seria apenas tolerado, e unicamente como ferramenta de procriação.

Jerônimo também via a mulher como um instrumento do demônio. Ele não entendia a função biológica do ser humano no que diz respeito ao desempenho de suas atividades sexuais. Esse pensamento levou as mulheres a serem desprezadas e ridicularizadas por grande parte da Igreja e da sociedade.

A igreja medieval

Na igreja medieval, o tema da sexualidade estava fundamentado em interpretações equivocadas da Bíblia, o que resultou em grandes absurdos. Por exemplo, persistia a ideia do sexo apenas como meio de procriação, o que não permitia que se visse nele nenhuma beleza.

O posicionamento de Tomás de Aquino foi muito importante nessa época para combater essa visão. Em sua concepção hilemórfica, que trata da unidade entre matéria e alma, ele deixou claro que não havia nada de errado ou antinatural no sexo, pois se tratava de um desejo natural do corpo. Por isso, ele dizia:

> O relacionamento sexual é perfeitamente natural para o homem e a mulher, e que o prazer sexual não precisa ser honrado, compensado e dignificado por outros valores, já que o sexo em si mesmo não tem nada de mau.[8]

A igreja fugindo do padrão divino

Foi o próprio Deus quem declarou: "Não é bom que o homem esteja só" (Gênesis 2.18). O celibato deve ser entendido como uma decisão própria da pessoa, não como um mandamento divino. Assim, impor essa restrição a um indivíduo com vocação para o sacerdócio e proibir a prática do ato sexual é uma postura que contraria a própria Bíblia, pois Paulo afirma que cada um tem seu dom e que certas pessoas podem se controlar, mas outras não (cf. 1Coríntios 7.7 e Mateus 19.12).

No ano 325, no Concílio de Niceia, o casamento foi proibido para os sacerdotes. E como sabemos, as consequências dessa decisão foram pecados sexuais praticados em quantidade absurda, tanto que se dizia: "Basta uma moça passar à sombra de um convento de freis para engravidar". A ordem de adotar o celibato não foi exclusivamente uma questão de pureza cristã ou de orientação bíblica, mas uma precaução contra a perda de riquezas por parte das instituições eclesiásticas, caso os herdeiros se apropriassem dos bens herdados de pais pertencentes ao clero. Outro fator era o da centralização: um padre casado estaria dividido entre a influência de sua liderança religiosa e a de sua esposa e seus filhos.

---

[8] OLIVEIRA, Raimundo F. de. **Ética cristã**. São Paulo: EETAD, 1987, p. 76.

Em momento algum as Escrituras declaram que só os solteiros podem exercer funções na igreja. Pedro, por exemplo, era casado (cf. Mateus 8.14 e 1Coríntios 9.5). O exagero de Jerônimo ao afirmar que quem optava pelo matrimônio era cristão de segunda categoria é igualmente antibíblico. O celibato é uma opção, enquanto o casamento é a regra.

A verdadeira espiritualidade não se fundamenta em deixar de comer e beber ou de fazer qualquer outra coisa (cf. Romanos 14.17 e Colossenses 2.16). Ela não se respalda na prática ou na abstenção do sexo. Sua origem é resultado de um novo nascimento (cf. João 3.3), não de meras ordens farisaicas da parte de homens que tentavam macular o sexo por interesses econômicos ou interpretações bíblicas erradas.

O impacto de uma teologia equivocada sobre o matrimônio

Como já dissemos, grande parte da Igreja errou ao deixar de ver o casamento como algo natural e belo (cf. Mateus 22.29 e 1Coríntios 7.33,34). No século nono, esse segmento o enxergava como uma instituição civil: era realizado de acordo com as normas sacramentais, mas sem um caráter super espiritual.

> A verdadeira espiritualidade não se fundamenta em deixar de comer e beber ou de fazer qualquer outra coisa (cf. Romanos 14.17 e Colossenses 2.16).

Grande parcela da Igreja cometeu um grande erro ao desconsiderar Maria como uma esposa normal. Ela é exaltada como mãe, porém, fizeram dela uma mulher assexuada. Isso criou um modelo para muitas mulheres, baseado em uma castidade sexual desnecessária dentro do casamento. Daí surgiu a ideia da imaculada conceição, daquela que não se deixa dominar pela carne, motivo pelo qual se torna refúgio para os pecadores tentados pelos desejos carnais — a virgem perfeita, a quem se deve dirigir três ave-marias para vencer a tentação.

O povo não tinha como abraçar uma teologia tão confusa, que contrariava o prazer do corpo, concedido pelo próprio Deus para que homem e mulher se embriagassem de amor nos braços um do outro (cf. Provérbios 5.15-19 e Eclesiastes 9.9). Na busca por uma vida piedosa, mas tendo um organismo com desejos carnais, muitos se viram em grande aperto diante da imposição de viver a fé sem pôr em prática as inclinações naturais.

Deus não se opõe a que desfrutemos dos nossos impulsos. Jamais foi proibido ao ser humano fazer sexo, comer, brincar, alegrar-se. Para evitar a ilicitude sexual, Deus, por meio de Paulo, instruiu cada homem a ter sua mulher e vice-versa (cf. 1Coríntios 7.1-3). Nas palavras de Salomão, não existe coisa mais excelente nesta vida que o homem aproveitar de seu trabalho, e ele mesmo recomenda que sejamos alegres (cf. Eclesiastes 8.15).

Na tentativa de viver uma vida de fé distanciada dos prazeres, muitos foram buscar refúgio nos mosteiros e passaram a ser considerados os verdadeiros crentes, enquanto os que viviam do lado de fora e aproveitavam as coisas da vida eram tidos como cristãos de segunda categoria. A questão é que retirar-se do mundo fere o princípio bíblico de João 17.15: "Não rogo que os tires do mundo, mas que os protejas do Maligno". Jesus não aconselhou seus discípulos a ficarem reclusos nem a se esconderem das tentações em determinados lugares, pois o pecado não mora do lado de fora, mas dentro de nós (cf. Tiago 1.14).

Infelizmente, a teologia monástica espalhou-se como um veneno terrível, que tirou o prazer do matrimônio. O homem que se mostrasse apaixonado por uma mulher estava cometendo pecado. Tal interpretação é absurda, pois vemos no Antigo Testamento exemplos de homens enamorados e envolvidos em jogos amorosos com a esposa (cf. Gênesis 29.18; 26.8). Basta lembrar que a mulher de Ezequiel era o desejo dos olhos dele (cf. Ezequiel 24.16). O homem não vai para a cama com a esposa por causa da santidade ou do caráter dela, mas porque a deseja na carne (cf. Cântico dos Cânticos 7.1-8).

Como bem salientam os escritores Tim e Beverly LaHaye,[9] há dentro de cada adulto um impulso para o ato sexual, bem como tudo de que ele necessita para excitá-lo — e isso vem de Deus. Só a sedução precisa ser aprendida, pois ninguém nasce sabendo-a (por isso se diz que é uma arte).

O desejo sexual não é errado, exceto quando há desvios, como no caso do indivíduo que tem fantasias com alguém que não é seu cônjuge, que comete adultério ou apela para a prostituição. Mas quando o casal se une dentro dos moldes bíblicos, simplesmente está cumprindo a Palavra de Deus.

A Igreja na modernidade (1540-1870)

Os exageros da Idade Média em torno da sexualidade só contribuíram para que a curiosidade aumentasse, e a busca pela liberdade sexual já era algo desejado. Podemos não

---

[9] LAHAYE, Beverly e Tim. **O ato conjugal**. Belo Horizonte: Betânia, 1989, p. 64.

O sexo e a religião

concordar com ele, mas o fato é que o teólogo Erasmo de Roterdã (1466-1536), de modo pedagógico, porém bem-humorado, falava sobre a masturbação, dizendo que, se não houvesse outro jeito, poderia ser praticada sem exagero. Erasmo abordou muitos outros temas relacionados, porém o puritanismo aplicado ao sexo[10] impôs censura a tais assuntos e sanções ao uso do corpo e das atividades sexuais.

Nas antigas Roma e Grécia, era normal que pessoas nuas frequentassem casas de banho, participassem de jogos e dormissem nas ruas e praças. Havia cerca de quatrocentas palavras para designar os genitais e trezentas para o ato sexual. Com o apego ao puritanismo, porém, falar de sexo virou tabu, e a proibição estendeu-se aos livros e às palestras. No entanto, à luz da Bíblia, vemos que o tema não deveria ser evitado (cf. Tito 2.4).

Grande parte da Igreja fugiu da missão pedagógica da educação sexual, de modo que o assunto passou a ser tratado apenas em sala de aula, de maneira aberta, o que ocasionou muitas interpretações equivocadas. Alguns pastores, por desconhecimento, pautaram-se na antiga visão patriarcal e, por isso, muitos casamentos se tornaram frios e complicados. No entanto, a Bíblia jamais se omitiu de falar dos órgãos sexuais e do prazer. Veja, por exemplo, a história do jovem que na relação com a esposa derramava o sêmen no chão (cf. Gênesis 38.9); a das duas filhas que embriagaram o pai para fazer sexo com ele (cf. Gênesis 19.30-38); ou a de mulheres que tinham fantasias com homens de membro avantajado (cf. Ezequiel 23.20).

---

[10] Conjunto de valores e atitudes oriundo do movimento puritano, que teve origem na Inglaterra do século 16 e influenciou fortemente a cultura e a moralidade sexual em partes da Europa e, mais tarde, na América colonial. (N. E.)

É certo que, em algumas passagens das Escrituras, os escritores sagrados suavizaram certos termos. Ainda assim, a Bíblia é bastante explícita, como nos casos citados. William L. Coleman explica:

> Em alguns pontos os autores bíblicos parecem um pouco ousados em relação ao nosso modo de falar. Mas, em outros, parecem relutantes em mencionar diretamente a prática sexual. A Bíblia usa largamente termos como "seios" e "ventre"; mas parece evitar os vocábulos que designam os órgãos genitais. Outras questões abordadas com certa frequência são a concepção, a gravidez e o parto. A palavra "prepúcio" também é muito empregada devido à grande importância da circuncisão para o povo. O vocábulo "lombos" pode designar toda a parte inferior do corpo, mas em alguns textos refere-se aos órgãos genitais (Gênesis 35.11, IBB). [...]
>
> Outro termo cujo emprego não está muito claro é "pés". Em vários textos o sentido dele é literal, mas em outros parece ser uma referência aos órgãos genitais. Algumas versões contêm a expressão "cobrir os pés" que significa "defecar" (cf. Juízes 3.24 e 1Samuel 24.3). Existe também uma grande divergência de opiniões quanto ao sentido da palavra "pés" na história de Rute (cf. Rute 3.4-7).[11]

No período medieval, as crianças eram tratadas como adultas: vestiam-se como pessoas mais velhas e eram tolhidas de muitas brincadeiras, mas não se falava de sexo para elas. Ainda hoje, temos líderes eclesiásticos que querem impor aos pequenos a realidade dos adultos. Esquecem-se de que cada pessoa deve viver as fases da vida conforme estabelecidas por Deus.

---

[11] COLEMAN, William L. **Manual dos tempos e costumes bíblicos.** Venda Nova: Betânia, 1991, p. 111-112.

Cada pessoa **deve viver as fases da vida** conforme **estabelecidas por Deus.**

No Concílio de Trento (1545-1563), a Igreja decretou que todos os pecados imorais, inclusive sexuais, deveriam ser confessados, o que levou muita gente a passar por situações vexatórias. As barbaridades para controlar o prazer sexual e manter o puritanismo foram as mais desairosas, como anéis e carteiras antimastubartórias, calças com fechaduras na frente, mãos amarradas à noite, cauterização do clitóris e outras bizarrices desse tipo.

Sabemos que o mundo tem uma forma errada de ensinar essa matéria, mas a Bíblia apresenta a certa. Um bom exemplo está em Cântico dos Cânticos 2.7, que diz: "Não despertem nem provoquem o amor enquanto ele não o quiser". Uma vida sexual fora do tempo certo e prazeres vividos sem responsabilidade terão consequências indesejáveis. Deve-se, portanto, aguardar o momento adequado para amar, que chega de modo natural e não de maneira forçada.

A situação se agravou com o advento da burguesia, pois as relações primárias, marcadas pela afetividade e pela simplicidade, deram lugar às funcionais. Para os burgueses, tempo era dinheiro. E, por causa da economia, o prazer foi deixado de lado. A distorção da sexualidade bíblica continuava, só que de maneiras diferentes.

Até o pensamento filosófico contribuiu para a repressão sexual, pois nesse momento, tudo ficou restrito à subjetividade. O corpo não tinha tanto valor, pois o eu estava fora dele. E, de acordo com essa interpretação, o sexo, que fazia parte das ações do corpo, valia muito pouco também. As expressões de amor, carinho e afetividade não tinham lugar nessa sociedade materialista.

Muitas pessoas viviam nas ruas com suas máscaras de moralidade, mas sem amor algum.

Lamentavelmente, ainda hoje vivemos nesse tipo de sociedade, em grande parte marcada pela falta de amor e afeto. Muitos estão interessados apenas na vida econômica. Para outros tantos, a mulher é mero instrumento de procriação, e grande quantidade de lares é marcada pela falsidade, sem amor verdadeiro.

A mídia, os influenciadores e a economia tentam controlar as pessoas, a fim de torná-las apenas eficientes e racionalistas, sem procurar levá-las a expressar o verdadeiro amor. Isso faz com que tenhamos uma sociedade esquizofrênica, de personalidade fragmentada e carente de contato com a realidade.

No Ocidente, vivemos em uma realidade social que não valoriza o sexo como dom de Deus e transforma tudo em comércio. A civilização distanciou em grande parte o mundo de sua simplicidade e dos atos afetivos, por isso cresce a cada dia a marginalização e a falta de interesse por brincadeiras, vida e beleza.

> *A mídia, os influenciadores e a economia tentam controlar as pessoas, a fim de torná-las apenas eficientes e racionalistas, sem procurar levá-las a expressar o verdadeiro amor.*

A caminhada com Deus não tem o propósito de tirar o prazer de viver, a alegria de expressar sentimentos ou a apreciação do belo. Quando isso acontece, o cristão passa a viver no mesmo patamar das loucuras medievais, do poder dominante da burguesia, do exagero puritanista e das teologias frias e equivocadas. Tudo isso destrói o que há de mais perfeito na vida: a liberdade e o amor.

A força do cristianismo não está na imposição, mas na liberdade de cada um em expressar por si mesmo a fé em Deus, de acordo com a Palavra. Para não sucumbirmos ao modelo equivocado e antibíblico de mundo, precisamos ter a mente renovada (cf. Romanos 12.2). Só assim escaparemos de uma realidade produzida por uma civilização cativa dos próprios medos e tabus.

A REVOLUÇÃO SEXUAL

Cansados desses sistemas e interpretações opressivos, não demorou que um terremoto acontecesse: a *revolução sexual*. Em uma época de grandes mudanças e transformações impactantes, em especial no quesito de comportamentos e normas sociais relacionadas à sexualidade, esse grande movimento aconteceu nas décadas de 1960 e 1970, e buscava certas liberdades, como, por exemplo, na questão do uso dos contraceptivos e na da emancipação das mulheres. O psiquiatra e sexólogo Wilhelm Reich publicou uma obra com esse título, que englobava alguns tipos de revolução, como a dos artistas, a dos intelectuais e a das massas.

Logo que a revolução sexual começou, no início do século 20, muitos padres e organizações cristãs, entre outros, posicionaram-se contra ela. Foi um processo um tanto demorado que a ciência, a música, os anticoncepcionais, o cinema e os bordéis ajudaram a repercutir. O casamento tradicional foi posto em xeque, e não tardaram a surgir vozes em defesa da

> *A força do cristianismo não está na imposição, mas na liberdade de cada um em expressar por si mesmo a fé em Deus.*

antiga instituição. Diante dessa avalanche, grande parte da Igreja despertou e tratou de repensar a questão do casamento e de muitos outros temas bíblicos.

Foi somente em 1945 que aconteceu de fato a revolução em massa, e a parte mais ascética da Igreja criou um dique para tentar reprimir os prazeres. Mesmo assim, aconteceu o que ela mais temia: a quebra de tabus.

Nesse novo cenário, tudo passou a ser permitido. Apenas o ato sexual não foi liberado para ser praticado em público, mas não havia restrição para as demais coisas. A pílula anticoncepcional fez com que as mulheres perdessem o medo de engravidar. Filmes e revistas pornográficos começaram a ser produzidos e postos à disposição de todos. Logo as descobertas no campo fisiológico mostravam como o corpo respondia às carícias. Nessas pesquisas, que ajudaram também na questão da disfunção sexual, destacaram-se alguns nomes, como Alfred Kinsey e o casal de ginecologistas William Masters e Virginia Johnson.

Sem dúvida, inúmeros exageros foram cometidos, mas penso que as vantagens foram maiores. A revolução sexual baniu a segregação e trouxe de volta a vida natural e simples, na qual o relacionamento entre homem e mulher pôde ser vivido outra vez. A mulher não era mais vista como objeto de exploração. Houve mudanças nas dinâmicas da prostituição, casamentos passaram a ser realizados de maneira mais consciente e a forma como a homossexualidade era vista sofreu alterações.

No entanto, toda essa liberdade resultou em outra tirania: a do prazer. Antes, todos viviam dominados por tabus, porém, com a revolução sexual, tudo passou a se voltar para o prazer. Com referência a essa época, o psiquiatra José Ângelo Gaiarsa comenta:

> Para mim, que vivi todo esse século, o que de fato acontece é que aumentou consideravelmente o número de relações sexuais — e mais nada. A qualidade melhorou bem pouco. Os preconceitos continuam atuantes como mostrei até agora e vou continuar mostrando. O que também aumentou — e já comentei — foi a fala e as imagens públicas sobre a sexualidade, as mil capas de revistas e os mil programas de TV com moças quase nuas.[12]

Quando se trata do papel do homem, da mulher e da família, só a manifestação do verdadeiro amor pode resolver os desvios causados pelo sexo livre e depravado, porque o prazer desenfreado não resolveu a questão do comportamento sexual. Ela só será resolvida quando cada pessoa entender que o corpo faz parte do seu ser integral, que não pode ser isolado e que não serve apenas para o prazer nem deve ser usado como objeto. O sexo expressa uma linguagem respeitosa e o tema precisa ser tratado com amor.

Paulo já se referia ao corpo como um todo (cf. 1Tessalonicenses 5.23). Isso envolve nosso subjetivismo e sua valorização, pois só assim uma ética sexual apropriada surgirá. O apóstolo afirma que nosso corpo é um santuário (cf. 1Coríntios 6.19), e quem o valoriza está dignificando também sua vida e a do próximo.

Contudo, diante das novas interpretações do comportamento sexual, a Igreja não perdeu sua identidade nem

---

[12] GAIARSA, José Ângelo. **Sexo**: Tudo que ninguém fala sobre o tema. São Paulo: Ágora, 2005, p. 155.

se abateu. Sem dúvida, sofreu abalos, mas não se calou. Hoje, muitos movimentos cristãos liderados por pessoas capazes, que de fato conhecem a Palavra de Deus, estão batalhando pela preservação da vida, dos valores familiares e da importância do casamento — com prazer.

DOIS

CINCO ASPECTOS DO SEXO

O desconhecimento da **anatomia humana** pode levar a conceitos equivocados sobre a **questão da sexualidade.**

Se desejamos tratar a sexualidade do ser humano de forma ampla, precisamos entendê-la em pelo menos cinco aspectos distintos: biológico, social, psicológico, religioso e filosófico. Ao longo deste capítulo, vamos discorrer sobre cada um desses âmbitos, para traçarmos um panorama completo da questão.

O SEXO NO ASPECTO BIOLÓGICO

O desconhecimento da anatomia humana pode levar a conceitos equivocados sobre a questão da sexualidade. Entendemos a palavra "sexo" como algo que distingue o macho da fêmea (cf. Gênesis 1.27). O teólogo católico Jaime Snoek explica que o termo "sexo" tem sua origem no verbo latino *secare* e significa "cortar", cujo sentido é equivalente aos conceitos de "seção" e "divisão".[1]

A palavra "sexo", como a entendemos hoje, surgiu no século 12, sendo que o uso dela no latim buscava destacar a diferenciação entre o macho e a fêmea. Já o termo "sexualidade" só apareceu no século 19. Na antiga Grécia, o sexo era visto apenas como somático, ou seja, com relação ao corpo (do grego, *soma*, que significa "corpo"). Quando se falava do aspecto psíquico, utilizava-se a palavra *eros*.

---

[1] SNOEK, Jaime. **Ensaio de ética sexual**: A sexualidade humana. São Paulo: Paulinas, 1981, p. 45.

Para um melhor entendimento do sexo enquanto diferenciação entre macho e fêmea, precisamos falar do sexo cromossômico. Cada célula do corpo humano tem aproximadamente 23 jogos de pares de cromossomos, unidade morfológica e fisiológica que contém informações genéticas. Cada espécie vegetal ou animal possui um número constante de cromossomos. Dos 23 cromossomos, apenas 22 são iguais, tanto no homem quanto na mulher. Portanto, a diferença entre ambos é estabelecida por um único cromossomo, representado na mulher pelas letras XX e, no homem, por XY. Essa pequena diferença se harmoniza com o texto bíblico, segundo o qual a mulher foi tirada do homem (cf. Gênesis 2.22).

Podemos citar ainda outras diferenciações do termo "sexo", utilizado em contextos diferentes:

- Sexo gonádico: refere-se às gônadas humanas, isto é, no homem, os testículos; na mulher, os ovários.
- Sexo gonadotrófico: refere-se, no homem, à próstata; na mulher, ao útero e à vagina.
- Sexo urogenital: refere-se, no homem, ao pênis e à bolsa escrotal; na mulher, ao clitóris e aos lábios vaginais.
- Sexo social: construção social relacionada às expectativas culturais sobre comportamentos, papéis e características associadas aos gêneros masculino e feminino.
- Sexo psicológico: procura falar da maneira como uma pessoa se percebe em relação às categorias tradicionais de gênero, como masculino e feminino. Busca envolver a questão da identidade de gênero, a forma como a pessoa se identifica e se sente confortável consigo mesma dentro do espectro de gênero.

- Sexo hormonal: é o que determina masculino e feminino pelo aspecto biológico, não psicológico, como agora está acontecendo com a ideologia de gênero.

O sexo é importante para a sobrevivência humana, pois não se resume ao coito em si: inclui companheirismo, unidade e afeto, elementos que extrapolam o aspecto biológico, orgânico, do ato sexual e são essenciais para a criação de famílias. Nesse aspecto, é importante ressaltar a questão do sexo para obtenção de prazer e não apenas para a reprodução. Uma das maiores provas de que Deus nos presenteou com a conjunção carnal para o deleite do casal está na função do clitóris, como explicam Tim e Beverly LaHaye:

> De um ponto de vista prático, ele [o clitóris] não tem nenhuma influência sobre a reprodução, e não é necessário a nenhuma outra função do organismo feminino. Portanto, estamos certos em deduzir que Deus o criou com a função específica de ser utilizado no ato sexual. Pode ser que a maravilhosa reação da esposa à presença do amado, e que é descrita em Cantares de Salomão 5.4, seja exatamente uma referência à manipulação do clitóris por parte dele. Cremos que essa preparação não somente é recomendável para pessoas casadas, como também foi determinada por Deus, para ser um dos mais agradáveis aspectos do ato conjugal.[2]

O SEXO NO ASPECTO SOCIAL

Certa vez, ouvi um pastor dizer: "Não é preciso estudo sobre sexo, pois o homem é como um animal: faz sexo na

---

[2] LAHAYE, Beverly e Tim. **O ato conjugal**. Belo Horizonte: Betânia, 1989, p. 80.

hora em que dá vontade". Porém, essa afirmação entra em choque com a Palavra de Deus, pois Pedro diz que homem e mulher devem coabitar com entendimento (cf. 1Pedro 3.7). E, para que assim seja, precisamos entender o sexo da perspectiva sociológica.

O homem é um ser com estímulos instintivos e não instintivos. Os primeiros são provocados pelos hormônios e os últimos são reflexos socialmente condicionados. Na questão sexual, o ser humano pouco depende dos estímulos instintivos,[3] mas com os estímulos não instintivos ele pode transformar tudo em objeto sexual, o que lhe proporciona muita imaginação e criatividade.

Apesar de termos instintos, não podemos sair realizando nossos desejos de maneira desenfreada, fazendo sexo com quem desejamos e sem nenhum compromisso. Temos a responsabilidade de controlar nossos instintos, pois Jesus declarou que até o ato de fantasiar com alguém do sexo oposto põe a pessoa em situação pecaminosa (cf. Mateus 5.28).

Para evitar a promiscuidade, Deus impôs restrições ao sexo, como observa o autor Robert Daniels:

> Deus é quem estabeleceu os padrões do que é certo e do que é errado. Deus é quem criou o mundo e fixou para o homem suas regras e orientações quanto ao que é puro e impuro. Ele nos deu instruções claras na Lei do Antigo Testamento e nas

---

[3] O que proponho aqui é que a variedade de comportamento do ser humano não é totalmente determinado por padrões instintivos, uma vez que ele pode aprender por experiência, ajustando-se a determinadas situações, bem como pelo ambiente social e cultural. Biologicamente falando, os instintos possuem um papel significante, mas na complexidade e variedade do comportamento humano, vai muito além desse instinto padrão presente em determinadas espécies.

epístolas do Novo Testamento a respeito dos tipos de comportamentos em todas as áreas da vida, aceitáveis ou não. Na área da sexualidade, Deus definiu muito claramente o que é puro e impuro. Considere o que é dito em um livro do Antigo Testamento [...] (Levítico 18.6,18,20,22,23).[4]

Como seres sociais, as pessoas podem sentir prazer sexual sem que seja necessário o ato e expressar isso por meio do amor e de muitas outras formas. Esse prazer pode ser sentido por conexão afetiva, amor, carinho e intimidade emocional. Beijos, abraços, palavras carinhosas, troca de olhares, palavras, fantasias e imaginações mis, por exemplo, geram prazer sem que seja necessário o ato sexual.

O papel do casamento na sexualidade

Desde os tempos mais antigos, os diferentes grupos sociais entenderam o papel do casamento em relação à prática sexual de diversas maneiras. Algumas culturas viram nele o meio de procriação e manutenção do *status quo* social, pois a chegada dos filhos garantia a preservação da família, com retorno econômico para o lar.

Nas sociedades cristãs, o matrimônio deve regular as atividades sexuais, como ensina o apóstolo Paulo (cf. 1Coríntios 7.1-2). Já o autor de Hebreus afirma que o matrimônio "deve ser honrado" (cf. Hebreus 13.4), ou seja, a união legítima de um homem e uma mulher precisa ser valorizada.

Jesus evidenciou seu suporte ao casamento ao participar de uma festa (cf. João 2.1). Além disso, ele ressaltava a importância que se deveria dar a essa instituição criada

---

[4] DANIELS, Robert. **Pureza sexual**: Como vencer sua guerra interior. Rio de Janeiro: CPAD, 1997, p. 30.

pelo próprio Deus. Do ponto de vista bíblico, qualquer pacto matrimonial que não envolva homem e mulher jamais formará uma unidade verdadeira, apenas parceria. O próprio Jesus declarou isso (cf. Mateus 19.5,6). Além disso, o casamento faz com que o casal se torne "uma só carne" (cf. Gênesis 2.24).

> Deus fez a ambos, o homem e a mulher, à sua imagem, cada qual com um papel especial e cada qual complementado pelo outro. O capítulo 2 de Gênesis diz que Deus criou primeiro o homem. Depois, usando uma costela do homem, Deus fez-lhe "uma auxiliadora" (Gênesis 2.18). Quando Deus trouxe Eva a Adão, ele os uniu e disse: "Por isso deixa o homem pai e mãe, e se une à sua mulher, tornando-se os dois uma só carne" (Gênesis 2.24).[5]

Essa equidade não permite a um querer ser mais que o outro, a dar ordens ou trair o outro, mas proporciona um relacionamento que contribui para a felicidade de ambos. É a isso que Paulo se refere quando diz que nem o homem é independente da mulher nem a mulher independente do homem (cf. 1Coríntios 11.11). Portanto, o casamento não só legaliza a vida sexual, mas também produz amizade, amor, valorização dos filhos, respeito pelo próximo e exaltação da vida como dom de Deus.

Embora o Criador tenha estabelecido o sexo monogâmico dentro de um contexto de exclusividade conjugal como o padrão para a humanidade, com o tempo, muitas sociedades passaram a adotar novos costumes, de modo que em muitas culturas a monogamia absoluta

---

[5] TENNEY, Merril C., et al. **Vida cotidiana nos tempos bíblicos**. São Paulo: Vida, 1988, p. 42.

Cinco aspectos do sexo

foi substituída pela poligamia ou por uma monogamia menos rígida.[6] A sociedade sem Deus, guiada pela natureza pecaminosa, passou a viver de modo contrário aos padrões divinos, como se vê na atitude de Lameque, precursor de um estilo de vida alheio à vontade do Senhor (cf. Gênesis 4.23).

Nos tempos antigos, em muitos grupos sociais havia limitações sexuais para os não casados. A abstinência era exigida antes do casamento, pois homem e mulher deveriam se preservar apenas para o cônjuge. Mesmo com todas essas exigências, inclusive com as prescrições bíblicas, o mundo sempre teve suas válvulas de escape, como a busca por prostitutas.

Fato é que, no relacionamento a dois, a questão social é de extrema relevância, pois não se pode construir uma união saudável apenas no campo dos sentimentos e das paixões. Na verdade, o relacionamento envolve o lado biológico, mas também a questão econômica, a formação de descendência e outros fatores. Assim, o casamento deve ser construído sobre aspectos subjetivos, objetivos, espirituais, materiais e sociais, o que faz dele um pacto entre partes, como explicam os pastores Mark e Grace Driscoll:

---

[6] Na monogamia tradicional exige-se exclusividade sexual, que deve ocorrer apenas entre dois parceiros. A monogamia menos rígida opta por uma abordagem mais flexível, pois seus adeptos podem adaptar o relacionamento ao compromisso feito, permitindo-se variedade. De forma prática, se um dos parceiros sentir desejo por outra pessoa, não deve reprimir esse desejo, mas, sim, avaliar como poderá ajustar esse relacionamento ao que já existe com seu parceiro. A ideia dos adeptos dessa prática é que, ainda que se abra para outro envolvimento com uma pessoa diferente, não se pode quebrar o vínculo assumido. Se a monogamia tradicional implica exclusividade sexual e romântica estrita entre dois parceiros, na monogamia menos rígida isso é aberto a negociações para relacionamentos externos sem a necessidade de abrir mão do compromisso original.

> Um pacto não é como um contrato. Isso é de grande importância para os homens compreenderem, já que a maioria dos homens, em especial os trabalhadores e executivos, acaba pensando em termos contratuais, algo que funciona bem para os negócios, mas que pode ser a morte para o casamento. O conceito de pacto aparece literalmente centenas de vezes na Bíblia. No nível mais básico, um pacto é um acordo amoroso entre duas partes que estipula uma união. Alguns pactos são feitos entre Deus e seu povo, como a nova aliança da salvação. Outros pactos são feitos entre pessoas, como o pacto do casamento.[7]

Um bom casamento é estruturado com sensibilidade e racionalidade, além do envolvimento da própria sociedade, que lhe confere a dignidade de uma instituição humana, uma vez que ele já é reconhecido por Deus (cf. Hebreus 13.4). Quando a questão sexual está bem resolvida perante a sociedade, o matrimônio cumpre seu papel, tanto no aspecto biológico, que é o da reprodução, quanto no sensitivo, proporcionando prazer.

Restrições sexuais

Muitas das restrições que existem hoje no que se refere às práticas sexuais são resultado de um longo processo, que envolveu diversas culturas. O antropólogo Luc Thoré afirma que existiam três tipos de sistemas entre os cônjuges, construídos a partir de estruturas sociais diferentes, a saber:

> *Matrilinear*. Sistema de filiação e de organização social no qual só a ascendência materna é levada em conta para a

---

[7] DRISCOLL, Mark e Grace. **Amor, sexo, cumplicidade e outros prazeres**. Rio de Janeiro: Thomas Nelson Brasil, 2011, p. 79.

transmissão do nome, dos privilégios e da condição de pertencer a um clã ou a uma classe.
Patrilinear. Que se fundamenta na descendência paterna.
Urbano. Dotado de urbanidade; afável, civilizado, cortês.[8]

No sistema matrilinear, o pai exerce apenas o papel de gerador, sem nenhuma influência na educação do filho ou na convivência do dia a dia. No sistema patrilinear não existe intimidade: a mulher é apenas integrada à família do marido, mas pode participar na educação dos filhos. No sistema urbano, a comunicação e o erotismo estão presentes. Essas estruturas ainda nos influenciam em nossos dias, em ambientes sociais em que o convívio familiar destina-se apenas à formação dos filhos, com moralidade exagerada, mas sem a exaltação do amor erótico, da comunicação e do aproveitamento da vida a dois, como prescreve a Palavra de Deus.

Sociedades que abraçavam o ascetismo e o celibato também impuseram certa mística à vida sexual. No primeiro caso, exigia-se um exercício prático para atingir a verdadeira virtude, a "plenitude da vida moral". Muito se falava do sexo como um tipo de prazer promovido pelos demônios, que feria a santidade de Deus. Portanto, o ascetismo sexual era praticado para acalmar as forças demoníacas e para evitar que o parceiro chegasse a extremos, daí a necessidade de se fazer orações e sacrifícios, para superar as forças maléficas. Quanto ao celibato, Paulo alerta que a insistência em se abster da vida sexual pode levar a pessoa a "ficar ardendo de desejo" (cf. 1Coríntios 7.9), por isso, não é um caminho desejável para todos.

---

[8] THORE, Luc. Langage et sexualité. In: ANTOINE, P. et al. **Sexualité humaine**. Paris: Aubier-Montaigne, 1970, p. 73-104.

Para o pai da psicanálise, Sigmund Freud, a grande força motriz do ser humano é a libido, ou seja, o desejo sexual, que não deve ser reprimido. Ele fala de dois tipos de repressão:

a normal e a agressiva.

Para o psiquiatra austríaco, a libido é como um rio, que, sem controle, pode desembocar em um grande precipício.

A importância da repressão sexual para a sociedade

Para o pai da psicanálise, Sigmund Freud, a grande força motriz do ser humano é a libido, ou seja, o desejo sexual, que não deve ser reprimido. Ele fala de dois tipos de repressão: a normal e a agressiva. Para o psiquiatra austríaco, a libido é como um rio, que, sem controle, pode desembocar em um grande precipício — daí a necessidade de certas restrições, o que seria normal e aceitável. Já a repressão agressiva pode ocasionar combatividade e impetuosidade. Sobre a visão geral do pensamento e do trabalho de Freud, a psicóloga Célia Silva Guimarães Barros afirma:

> Observando doentes mentais, Freud constatou que a causa da doença mental apresentada pela maioria de seus pacientes era sempre um problema sexual. Observou, também, as personalidades normais, e chegou à seguinte conclusão, que é a base de sua teoria: "O comportamento humano é orientado pelo impulso sexual". Freud dá o nome de libido ao impulso sexual (libido é uma palavra feminina que significa prazer). A libido constitui uma força de grande alcance na nossa personalidade; e um impulso fundamental ou fonte de energia.[9]

Freud não foi o único a lidar com a questão da repressão sexual: os antigos gregos acreditavam que a retenção do esperma poderia ocasionar males. Foi daí que surgiram as várias concepções sobre a questão do prazer reprimido, como a de que ele poderia subir à cabeça e enlouquecer a pessoa. A ideia de se praticar a masturbação

---

[9] BARROS, Célia Silva Guimarães. **Pontos de psicologia geral**. São Paulo: Ática, 1997, p. 60.

como terapia, ou seja, uma forma de buscar alívio para os prazeres reprimidos, também surgiu dessas concepções (teses relacionadas foram descartadas com o tempo por especialistas).

Pela perspectiva bíblica, essas ideias são absurdas. Muitos homens de Deus abriram mão das práticas sexuais, mas não morreram por causa disso. O próprio Cristo, que viveu celibatário, "passou por todo tipo de tentação" (cf. Hebreus 4.15), e não podemos descartar o aspecto sexual, pois ele era humano como qualquer um de nós (cf. Filipenses 2.5-7). Contudo, em momento algum ele pecou — tampouco enlouqueceu. Muitos dos santos e santas de Deus ao longo da história também viveram em celibato, vencendo os desejos sexuais não só por meio da sublimação — processo inconsciente que desvia a energia da libido —, mas também por "crucificá-los" (cf. 1Coríntios 9.27). Assim, podemos concluir que os prazeres endógenos do homem e da mulher não são os únicos responsáveis pelos desejos sexuais, mas os exógenos são muitos poderosos, sabendo-se que os endógenos são os internos (que envolvem hormônios, emoções e fantasias), enquanto os exógenos são os externos (como cultura, sociedade e influência da mídia). Não é fácil para o cristão viver em um mundo que instiga cada vez mais a prática sexual desenfreada. É por isso que Paulo aconselha os cristãos a não se conformarem "ao padrão deste mundo" (cf. Romanos 12.2).

Acredito que o sexo é mais poderoso que a fome, pois, enquanto ela busca suprir uma deficiência puramente orgânica, a pulsão sexual está ligada ao prazer mental e a estímulos biológicos. Por isso, mais uma vez devemos seguir o conselho de Paulo: "Fujam da imoralidade sexual" (1Coríntios 6.18a), como procedeu José (cf. Gênesis 39.12).

O pensamento de Freud não é o único em relação a essa questão. O psicólogo americano B. F. Skinner entendia que a energia sexual era resultado de aprendizagem, no que se diferenciava do pensamento freudiano. Já o belga Joseph Nuttin afirmou em sua obra, *Psicanálise e personalidade*, que, se a pessoa canalizar sua visão para um tipo de carência (biológica, social ou espiritual), as outras podem ficar em segundo plano, e esse entendimento vai de encontro ao que Freud ensinava.

Seja qual teoria se adote, é evidente que nenhuma sociedade pode viver sem algum tipo de repressão. O que não se pode aceitar, do ponto de vista bíblico, é a adoção da satisfação humana como padrão determinante de conduta (cf. Isaías 5.20) ou a imposição de restrições extravagantes, ou seja, aquelas que ignoram o lado bom da vida.

O etnólogo inglês Joseph Daniel Unwin, que estudou cerca de oitenta civilizações, concluiu que as repressões ou limitações sexuais são importantes e necessárias para o convívio social e cultural e também para o desenvolvimento humano. Para ele, a busca do prazer sem nenhuma limitação jamais produzirá uma elevação do ser. A liberdade sem controle e sem restrições pode levar à libertinagem, que consiste no desregramento, na devassidão e na licenciosidade (cf. Gálatas 5.13).

> A liberdade sem controle e sem restrições pode levar à libertinagem, que consiste no desregramento, na devassidão e na licenciosidade (cf. Gálatas 5.13).

Sem algum tipo de repressão, a sociedade pode passar a ser conduzida pela anomia (estado social de ausência de regras e normas). Há estudiosos não cristãos favoráveis a esse estilo de vida, pois para eles, as sociedades primitivas eram mais livres e, com isso, podiam expressar sem receio seus desejos sexuais. Eles argumentam que os distúrbios patológicos, que causam modificações estruturais ou funcionais produzidas por doenças no organismo, são impostos por sociedades opressoras.

No entanto, vemos que Deus sempre impôs limites. Ainda no início da história humana, ele estabeleceu restrições à vida conjugal, quando determinou que cada homem tivesse sua mulher (cf. Gênesis 2.24). Qualquer pessoa ou sociedade que se proponha viver sem contenções está exercendo um direito, mas terá de prestar contas ao Criador (cf. Eclesiastes 11.9). A anomia, portanto, é antibíblica e fere a própria natureza humana, pois ninguém pode viver sem leis. Quem opta pelo desregramento é indesculpável diante de Deus, visto que não só atenta contra a teologia natural, mas também viola as leis escritas no coração (cf. Romanos 2.15).

O SEXO NO ASPECTO PSICOLÓGICO

As transformações psicofisiológicas no indivíduo começam a surgir na puberdade e estão ligadas à maturação sexual. Essas mudanças traduzem a passagem progressiva da infância para a adolescência. Antes disso, o organismo, que era indiferente à questão erótica, nessa fase da vida passa a responder a ela de modo muito sensível, em razão das alterações biológicas e dos desdobramentos psicológicos que advêm delas.

Na formação do vínculo sexual, a resposta aos estímulos pode levar dias ou anos, porque o consentimento para tal experiência depende do consentimento do outro, de modo que uma barreira logo é criada e o processo é interrompido. Alguns estudiosos acreditam que o pudor é de grande valia para a boa estrutura familiar, pois a imposição de certos limites cria equilíbrio e disciplina na vida do indivíduo em formação e contribui para a estruturação de sua personalidade.

Do ponto de vista cristão, a Bíblia mostra quanto é salutar seguir as determinações divinas e evitar comportamentos que ferem a santidade de Deus. Especialistas de áreas seculares do pensamento estudam a inibição sexual do ponto de vista da cobrança da sociedade e da cultura, sem atentar para a Bíblia, que ressalta a natureza pecaminosa do ser humano, propenso a cometer pecados na área sexual (cf. Salmos 51.5; Mateus 15.19; Romanos 1.18-22). Foi por isso que Deus esclareceu a Moisés o que é lícito e ilícito no sexo (cf. Levítico 18).

Paulo afirma que em nossa carne não habita bem algum (cf. Romanos 7.18). Essa é a razão de homens e mulheres darem lugar aos desejos mais horripilantes e se entregarem às maiores aberrações sexuais, como zoofilia, sexo a três, sexo com crianças e assim por diante. Para os sexólogos e profissionais de outras áreas do estudo humano, essas questões são vistas como anomalias, mas, do ponto de vista bíblico, é a pura natureza pecaminosa, que só deseja fazer o que Paulo classifica como "obras da carne" (cf. Gálatas 5.19-21).

O lado agressivo do sexo

A agressividade muitas vezes é resultado da interrupção de algo. Por exemplo, se você tirar bruscamente um brinquedo de uma criança, ela reagirá com energia e, não raramente, com fúria. Do mesmo modo, quando o prazer sexual é negado, isso também pode desencadear agressividade. Paulo fala da importância de o casal não se defraudar, ou seja, não privar o cônjuge do sexo, porque a resposta dele será hostil (cf. 1Coríntios 7.5).[10]

A reação agressiva no âmbito sexual produz forte tensão, pois, de um lado, está o sentimento erótico, e do outro, a hostilidade manifesta.[11] Nesse desconforto orgânico, o indivíduo tentará aliviar todo o peso do sexo reprimido por meio do "deslocamento",[12] que pode ser para outras áreas do corpo que não os genitais ou para elementos substitutos, o que acaba gerando comportamentos como o masoquismo ou o sadismo.

Inconsciente e superego na questão sexual

A psicanálise define o inconsciente como o conjunto de processos e fatos psíquicos que atuam sobre a conduta do indivíduo, mas escapam ao âmbito da consciência. O inconsciente não pode ser acessado por nenhum esforço da vontade ou da memória, porém aflora nos sonhos,

---

[10] Embora o texto bíblico não fale especificamente de agressividade, é fato que a negação da prática sexual entre o casal pode desencadeá-la, uma vez que a ausência de sexo no casamento gera frustrações, insatisfações e outras reações.

[11] A tensão entre o desejo sexual e a hostilidade pode dar origem a comportamentos complexos. A hostilidade (que pode ser definida como comportamentos, atitudes ou sentimentos que expressam antagonismo) poderá surgir de variadas fontes, incluindo conflitos não resolvidos, frustrações ou questões de poder.

[12] No aspecto psicológico, o termo "deslocamento" trata da transferência de emoções, impulsos ou comportamentos de uma pessoa, objeto ou situação para outra. No caso de um indivíduo estar enfrentando conflitos ou desconforto em uma área específica, pode ocorrer o deslocamento para outra que lhe pareça mais segura ou aceitável.

nos atos falhos e nos estados neuróticos ou psicóticos — ou seja, quando a consciência não está vigilante.

O inconsciente precede a ação consciente. Assim, quando um objeto de desejo torna-se proibido, é interiorizado, e o inconsciente irá usá-lo para desempenhar seu papel. Antes de qualquer coisa nos chegar à consciência, o inconsciente trabalha de modo psíquico e dá vazão a instintos não realizados. É assim que surgem as fantasias sexuais. Com a interiorização do objeto proibido, a pessoa passa a vivenciar grande crise interna, que produzirá concupiscência ou libido (cf. Mateus 5.28). Com seu mundo externo proibido, ela tem agora um universo dentro de si, que causa grande conflito, tornando o indivíduo introvertido, sob o risco de chegar a um estado esquizofrênico.[13] Esse conflito interno pode levar a pessoa a ficar "ardendo de desejo" (cf. 1Coríntios 7.9) e a se revoltar contra tudo e todos.

Nesse caso, a melhor solução é o diálogo, ou seja, a conversa com alguém. Se o indivíduo for casado, o ideal é falar com o cônjuge, caso se perceba que será impossível se segurar.[14] Convém lembrar aqui o que disse o salmista: "Enquanto eu mantinha escondidos os meus pecados, o meu corpo definhava de tanto gemer" (Salmos 32.3). Paulo afirma que é sempre bom falar a verdade (cf. Efésios 4.25). Esse processo é benéfico, pois resulta em boa estruturação de alma e mente.

---

[13] A esquizofrenia caracteriza-se fundamentalmente pela dissociação das funções psíquicas, que resulta em fragmentação da personalidade e perda de contato com o mundo real.

[14] Caso um dos cônjuges esteja sofrendo algum tipo de tentação, é preciso que seja franco com a esposa ou o esposo, buscando solucionar o caso por meio de diálogo sincero, o que deve ser feito com compreensão mútua, respeito e desejo de resolução do conflito. Essa decisão não somente pode salvar o relacionamento, mais firmá-lo cada vez mais e prevenir problemas futuros nesse particular.

Além do inconsciente, outra instância psíquica é o superego, que funciona como elemento de censura e julgamento e evita que a pessoa proceda de modo comprometedor, pecaminoso ou mesmo criminoso. Ele pode ser definido como uma força adquirida ao longo da vida em sociedade, quando o ser humano recebe influências que afetarão sua personalidade, como ideias morais e religiosas e regras de conduta. O superego age com pesadas cobranças, a fim de equilibrar o lado erótico com a agressividade, ditando o que é bom e o que é prejudicial, e o que for útil para a formação da personalidade e o amadurecimento na vida sexual. Pode-se dizer também que é responsável pela homeostasia, o processo de regulação pelo qual um organismo mantém seu equilíbrio (a capacidade do ego de gerenciar as tensões entre as demandas internas e as externas).

De acordo com os estudiosos, o superego desempenha no ser humano o papel de censor, especialmente por meio dos sonhos, os quais estão ligados a questões orgânicas, como disse o sábio Salomão (cf. Eclesiastes 5.3). Acredita-se que, sonhando, o indivíduo pode atenuar suas ficções, para conseguir enfrentar a vida real.

Os mecanismos de inibição da psique são de grande importância para frear e purificar os desejos ou impulsos sexuais perversos e liberar a pessoa para desenvolver um relacionamento saudável, de modo a valorizar o outro como seu semelhante.

A inibição e a expressão da sexualidade

O ser humano foi criado para se relacionar, e isso não se refere apenas à área sexual. O homem que deseja se unir a uma mulher, ou vice-versa, precisa se entregar, se doar e se envolver por completo, o que não é fácil. Com isso, alguns acabam se voltando para alguém do mesmo sexo.

Embora a psicologia não dê uma explicação objetiva para a homossexualidade, há quem acredite que a atração homossexual começa pela imitação de um colega, pois na adolescência o ego ainda está se organizando, e o jovem pode querer se projetar no outro. Brota, assim, um sentimento que o incita a copiar ou superar seu modelo. Com isso, pode ocorrer uma invasão de desejos e sentimentos eróticos, que buscará a realização por meio do sexo. Estima-se ainda que a busca do prazer sexual em alguém do mesmo sexo também se dê porque o mundo de ambos os envolvidos não é muito diferente, como seria no caso de um relacionamento com o sexo oposto.

Para alguns especialistas, essa fase é normal na vida do adolescente, pois ele está em busca de uma definição de sua sexualidade. Outros afirmam que, nesse ponto, o indivíduo a está testando e, se ele não souber lidar com esse momento, ocorrerá o deslocamento de desejo sexual. O medo de estabelecer contato com alguém do sexo oposto pode ocorrer por timidez extrema, pelas diferenças, por desconfiança ou por hostilidade, e isso pode induzir o adolescente a se aproximar de alguém do mesmo gênero.

Embora a psicologia não dê uma explicação objetiva para a homossexualidade, há quem acredite que a atração homossexual começa pela imitação de um colega, pois na adolescência o ego ainda está se organizando.

Entendo que quem quiser vencer essa situação precisa aceitar as próprias negatividades e não se deixar dominar por elas. Acatar o que é desagradável no sexo

Na arte de expressar o amor, **as palavras também são fundamentais** e podem ser ditas de diversas formas. Elas não faltam a **quem se encanta com alguém** ou deseja de fato expressar seus sentimentos de amor e paixão (cf. Gênesis 2.23) oposto permitirá que mais tarde a aproximação ocorra de modo natural.

A arte de expressar o amor

O homem e a mulher têm maneiras próprias de demonstrar seus sentimentos. Os rituais amorosos não devem ser ignorados, como um presente, um jantar, um passeio ou mesmo o convite para tomar um sorvete. Quem deseja de fato conquistar seu par precisa vencer as próprias resistências e a timidez.

Na arte de expressar o amor, as palavras também são fundamentais e podem ser ditas de diversas formas. Elas não faltam a quem se encanta com alguém ou deseja de fato expressar seus sentimentos de amor e paixão (cf. Gênesis 2.23). Contam ainda as atitudes lúdicas. Ou seja, no ato sexual devem estar presentes as brincadeiras, o divertimento. Muitos casais, por estarem presos a velhas culturas e desligados do real entendimento sexual, adotaram uma postura séria demais e hoje vivem uma vida conjugal infeliz, um relacionamento frio e sem encanto.

Na intimidade do quarto, marido e mulher precisam se despir de seus medos, receios e egoísmos. Não há lugar para o narcisismo nem para exigências egoístas. Cada um deve ser um espírito livre, pronto a se aventurar e a se abrir para o outro, na busca da realização completa do prazer.

No jogo do amor, o homem deve demonstrar carinho e ternura nas preliminares, ao tocar cada parte do corpo da esposa com perícia e sensualidade, até encontrar o ponto máximo do prazer. O corpo da mulher é diferente do corpo do homem, e por isso este deve se lançar em brincadeiras eróticas, com muita imaginação, enquanto busca se identificar com sua amada. A pessoa dominada pelo egoísmo jamais alcançará a quintessência do prazer sexual.

A busca do orgasmo

O orgasmo é o ápice da sensação prazerosa. Homem e mulher devem se propor a buscá-lo não só pelo desejo de viver o próprio clímax do prazer, como explica o psicólogo americano Douglas E. Rosenau:

> Um fascinante paradoxo ocorre aqui! Na sua egoísta jornada interior rumo ao orgasmo e o intenso desejo, a pessoa torna-se uma experiência mútua e um maravilhoso estímulo para o seu cônjuge, sentindo-se, e, de fato, sendo uma parte integral de todo o processo. Há muita alegria no processo de ser uma só carne na relação sexual; compartilhar um orgasmo é algo muito especial.[15]

A busca pelo orgasmo, tanto da parte do homem quanto da mulher, deve acontecer pelo fato de ambos buscarem paz, relaxamento e identificação, não apenas prazer pessoal, pois isso seria desprezar o verdadeiro sentido da troca entre o casal. O orgasmo é o encerramento do ato sexual, o ponto máximo da excitação. Relacionamos esse momento com Gênesis 2.24, onde se diz que os dois se tornam "uma só carne". Ou seja, eles não são mais seres separados, antes, tornam-se envolvidos por uma sensação maravilhosa, à qual se entregam sem reservas, em uma explosão de prazer.

No hebraico, o verbo que descreve essa união é *dabaq*, que significa "grudar-se a", "colar", "permanecer junto",

---

[15] ROSENAU, Douglas E. **Celebração do sexo**: Um guia para apreciar o presente de Deus no casamento: o prazer sexual. São Paulo: Hagnos, 2006, p. 98.

"unir-se", "manter-se próximo", "juntar-se a", "permanecer com", "seguir de perto", "alcançar", "pegar". Isso acontece apenas quando há o envolvimento de dois corpos em um entrosamento sexual perfeito e uníssono. Quando os cônjuges se entregam abertamente às carícias de quem amam encontram a paz necessária ao prazer do corpo e dos sentidos. Salomão faz uso do imperativo quando diz: "Desfrute a vida com a mulher a quem você ama, todos os dias desta vida sem sentido [...]" (Eclesiastes 9.9). É no prazer dos sentidos que o casal se aventura, se alegra e se encanta.

O orgasmo não envolve apenas o ápice do prazer, mas leva cada amante a revelar seu verdadeiro lado emocional, pois cada um se entrega sem reservas e o corpo revela o que de fato está acontecendo com ambos. O ginecologista e sexólogo Calvino Coutinho Fernandes observa:

> Após o orgasmo, o casal é envolvido numa sensação profundamente relaxante, permeada por satisfação e saciedade; estabelecendo um momento propício para a comunicação dos amantes. Há uma perda progressiva da ereção peniana e clitoriana, desentumescimento dos lábios vaginais e mamilos e relaxamento dos músculos periganinais.[16]

O homem e o orgasmo

Quando o homem usa a mulher apenas para ejaculação, simplesmente pelo prazer, sem amor sincero, ele não atingiu o ápice, pois o marco deslumbrante do amor verdadeiro é o orgasmo que acontece entre casais felizes. A vida

---

[16] FERNANDES, Calvino Coutinho. **O cristão e o prazer sexual**: Respostas que você gostaria de conhecer, mas nunca soube a quem perguntar! Curitiba: A. D. Santos, 2003, p. 17.

prazerosa é caracterizada também por outros sentimentos, dentre os quais destacamos o empenho do casal para desfrutar da vida da melhor maneira possível.

Quando o homem não mede esforços para ter ao seu lado a mulher com quem deseja viver é porque deseja criar uma relação íntima, e esse vínculo é construído por meio da fidelidade de ambos, que envolve não só o aspecto material, mas também o lado amoroso. É certo que tanto o homem quanto a mulher têm suas inconstâncias e vulnerabilidades no quesito sexual, pois nem a beleza, nem o poder aquisitivo, nem o prazer podem evitar a traição. Por isso, quanto mais o casal se ajustar por meio do orgasmo, mais força terá para enfrentar os dissabores que envolvem a vida erótica (cf. Cântico dos Cânticos 8.7). Afinal, quanto mais o casal se envolver profundamente na vida sexual amorosa, marcada por comunicação eficaz, respeito mútuo, manifestação de emoções verdadeiras, confiança e respeito, valores pessoais e éticos, mais terá forças.

Se o amor for bem construído, cada um se sentirá bem com a pessoa que está ao lado. O casal maduro se entregará ao orgasmo de corpo de alma, pois tal só é desejável no relacionamento pautado na consciência de um querer o bem do outro, não apenas em uma ação animalesca.

O amadurecimento sexual é um processo que envolve diversas fases, algumas das quais já foram mencionadas. Mas, quando o casal atinge essa maturidade, seus desejos não se estabilizam nas satisfações da carne. O relacionamento se firma no bom trato, no respeito e na

Quando o homem não mede esforços para ter ao seu lado a mulher com quem deseja viver é porque deseja criar uma relação íntima, e esse vínculo é construído por meio da fidelidade de ambos.

entrega de corpos e sentimentos complacentes, em que a recompensa é a felicidade de cada um.

A mulher e o orgasmo

Há muitos relatos de mulheres que não atingem o orgasmo durante a relação sexual, e vários fatores contribuem para isso, que serão identificados mais à frente. Porém, já podemos adiantar que todo casal deve trabalhar para desfrutar do melhor do sexo. Para que isso aconteça, é preciso que o marido seja paciente e conheça bem o lado feminino, principalmente o da esposa (cf. 1Pedro 3.7). Ele também não deve ser dominado por nenhum sentimento egoísta, pensando apenas no próprio prazer, mas precisa controlar os impulsos e investir pesadamente nas preliminares.

O marido precisa lembrar que se casou para, entre outras coisas, fazer a esposa feliz (cf. Deuteronômio 24.5). O sexo tem sua química, como explica o conselheiro familiar americano Gary Smalley:

> Em *The Female Brain* (o cérebro feminino), a Dra. Louann Brizendine, uma neuropsiquiatra da Universidade de Los Angeles (UCLA), observa que, durante o orgasmo masculino, o agente químico *ocitocina é liberado no cérebro. Agora, eis o que é interessante: nas mulheres, o mesmo agente químico, a ocitocina,* é liberado no cérebro durante uma conversa significativa. Isso significa que pode ser tão excitante e prazeroso para sua esposa ligar-se a você emocionalmente quanto sexualmente. A química das preliminares excelentes começa muito antes de vocês chegarem à cama. Tudo volta àquela equação: honra-segurança-intimidade-sexo.[17]

---

[17] SMALLEY, Gary; CUNNINGHAM, Ted. **A linguagem do sexo**. Belo Horizonte: Bello, 2008, p. 104.

É por meio da sincronização entre marido e esposa na vida sexual que o ponto culminante será atingido. Há mulheres capazes de experimentar vários orgasmos em um único ato sexual, enquanto outras nunca o conseguem.

Como já foi dito, para que marido e esposa vivam o melhor do sexo é preciso ter paciência e investimento nas carícias antes da penetração. Às vezes, elementos inibidores fazem com que a mulher não se sinta à vontade para se entregar ao prazer, e ela precisa ser lembrada de que é maravilhoso estar ao lado de alguém a quem se ama, dormir em seus braços e receber carinho. O amor pode conceder algo mais, um prazer inexplicável no entrosamento de dois corpos, entre seres que se amam.

O ambiente no qual se vai desfrutar do amor precisa ser elegante e limpo. Música, belas roupas e meia-luz devem marcar presença. Além disso, é preciso que ambos estejam bem física e psicologicamente para se entregar ao amor. Se houver essa perfeita harmonia, ela dirá: "Acorde, vento norte! Venha, vento sul! Soprem em meu jardim, para que a sua fragrância se espalhe ao seu redor. Que o meu amado entre em seu jardim e saboreie os seus deliciosos frutos" (Cântico dos Cânticos 4.16).

O SEXO NO ASPECTO RELIGIOSO

A questão sexual sempre esteve presente entre povos antigos em estreita relação com a religiosidade e até mesmo em conexão com aspectos do cotidiano, como a colheita e o pastoreio. A identificação do sexo com a religião é ancestral, principalmente com respeito ao mito do conúbio sagrado, em que o céu era o "marido" e a terra, a "esposa", e a união entre eles se dava por meio da chuva (a *hierogamia*, do grego *hierós*, "sacro", e *gámos* "união", "casamento"). Essa crença estava presente em diversas tradições mitológicas, que se referiam a rituais ou casamentos sagrados. Por meio desse tipo de casamento buscava-se a união e a harmonia do universo, isto é, do céu com a terra, do Sol com a Lua, ou então aspectos masculinos e femininos da divindade. Muitos povos antigos misturavam as questões sexuais com atos religiosos, como na prática da prostituição cultual e na celebração dos festivais de colheita.

> Arqueólogos e antropólogos, debruçando-se sobre o conhecimento das culturas primitivas, descobriram que as primeiras manifestações religiosas vividas pelos seres humanos tinham a ver com o nascimento, com a atração sexual, com a fertilidade da terra e dos animais, com a morte e com o cuidado recíproco de que necessitamos para viver.[18]

Alguns povos, como os gregos, tinham o céu como um tipo de divindade. Outros divinizavam a terra, conforme vemos nos textos bíblicos. Todas essas ideias chegaram até nós, mas a sociedade ateísta e secular pós-iluminista reinterpretou a questão sexual, excluindo o sagrado do sexo.

A incompletude da vida sexual e a completude na vida espiritual

No Éden, Adão convivia com as mais belas paisagens, usufruía de um ambiente esplêndido e tinha tudo de que necessitava para viver. No entanto, Deus disse: "Não é bom que o homem

---

[18] GEBARA, Ivone. **O que é teologia**. São Paulo: Brasiliense, 2006, p. 20.

À luz da Bíblia, **a completude do ser humano** não se dá pelo ato sexual, mas depende de se crer no **sacrifício realizado por Cristo,** pois o propósito de sua vinda foi nos tornar um com o Pai (cf. João 17).

esteja só" (cf. Gênesis 2.18), o que levou à criação de Eva e à vontade de homem e mulher estarem juntos, presente na humanidade descendente do primeiro casal. Contudo, a verdadeira completude só é possível quando ambos decidem tornar-se "uma só carne". Assim, concluímos que:

> Deus criou Adão para o relacionamento; criou-o para outra pessoa que não era sua proprietária nem sua inferior, mas sua igual. Sem intimidade com alguém igual, Adão estava só — mesmo em meio à criação e com o Criador.[19]

Há inúmeras teorias sobre a busca pela completude. Por exemplo, o "complexo de Édipo", termo criado por Freud e inspirado na tragédia grega *Édipo Rei*, tenta explicar o desenvolvimento psicossexual da criança do sexo masculino a partir de uma forte atração pela figura materna.

À luz da Bíblia, a completude do ser humano não se dá pelo ato sexual, mas depende de se crer no sacrifício realizado por Cristo, pois o propósito de sua vinda foi nos tornar um com o Pai (cf. João 17) e semelhantes a ele no futuro (cf. 1João 3.2). O pecado é capaz de afetar essa condição, mas Jesus pode nos conduzir à realização plena (cf. João 14.6). Mas não é por isso que a fé cristã desqualifica o sexo como parte da espiritualidade humana, muito pelo contrário. O conselheiro familiar americano Gary Smalley explica a dimensão espiritual do sexo:

> O sexo é muito mais do que um ato físico — é uma experiência emocional e espiritual. Gina Ogden, terapeuta sexual que

[19] LONGMAN, Tremper; ALLENDER, Dan B. **Aliados íntimos**: Até as últimas consequências. São Paulo: Mundo Cristão, 1999, p. 145.

realiza pesquisa na Universidade Harvard, é autora do livro *Women Who Love Sex* [Mulheres que adoram sexo]. Ela atualmente está estudando a correlação entre as mulheres, o sexo e a espiritualidade. Ela diz: "A chave para uma satisfação mais profunda é associar a sexualidade à espiritualidade". Em outras palavras, a sexualidade e a espiritualidade andam juntas. As mulheres mais realizadas sexualmente também eram as mais espirituais. Quando você perde a dimensão espiritual — que é parte natural do sexo —, você perde parte do prazer. Quer você perceba ou não, a sua vida espiritual afeta a sua vida sexual. Uma vida espiritual saudável afeta o seu relacionamento, a sua atitude e as suas emoções. Esta é a razão pela qual é tão importante manter uma ligação espiritual em seu casamento.[20]

Diante dos dois extremos, o carnal e o espiritual, a mensagem de muitos líderes cristãos no tocante à questão sexual tornou-se antinomista.[21] Por outro lado, houve aqueles que criaram regras rigorosas, que negam a importância do prazer e valorizam apenas o que concerne ao espírito. Uma vez que a realização completa do ser humano só é possível por meio de Cristo, o prazer sexual passou a ser desprezado por muitos. Seus proponentes parecem ter se esquecido de que, por escolha divina, nem mesmo a presença de Deus satisfazia as necessidades sexuais de Adão e que por isso a criação da mulher se fez necessária.

Precisamos estudar com mais atenção os textos bíblicos, especialmente Cântico dos Cânticos, para entender que o sexo foi dado por Deus para a satisfação

---

[20] SMALLEY, Gary; CUNNINGHAM, Ted. **A linguagem do sexo**. Belo Horizonte: Bello, 2008, p. 33.

[21] O antinomismo é a doutrina que, em nome da supremacia da fé e da graça divina, prega a indiferença com a Lei. (N. E.)

e a realização pessoal de homem e mulher. Como escreveu Paulo: "O homem casado preocupa-se [...] em como agradar sua mulher" (1Coríntios 7.33), e é claro que isso também se aplica à esposa para com o marido.

Não convém espiritualizar excessivamente o amor sexual nem aplicar regras pesadas ao corpo, por achar que ele seria pecaminoso. Muitos cristãos aplicam de forma equivocada o texto de Gálatas 5.24, que fala da crucificação da carne, porque Paulo está na verdade ensinando que quem vive a nova liberdade cristã, como membro do corpo de Cristo, não pode se expor outra vez aos atos pecaminosos.

O cristão pode desfrutar da vida sexual sem temor, consciente de que seu corpo é santo (cf. 1Coríntios 6.12-20). Ele deve apenas procurar seguir os princípios bíblicos, a fim de alcançar uma existência marcada pelas virtudes, com um padrão moral que corresponda à santidade exigida por Deus.

O SEXO NO ASPECTO FILOSÓFICO

O que realmente deve caracterizar a sexualidade é a reciprocidade, ou seja, o relacionamento entre o eu e o tu, a fim de que homem e mulher se tornem uma só carne (cf. Gênesis 2.24). O professor universitário e escritor Russell N. Champlin, falando da expressão "uma só carne", comenta:

> Essa afirmação tem sido entendida de várias maneiras, como segue:
> 1. Marido e mulher devem ser tidos como *um só corpo*, em uma verdadeira comunhão de bens, onde nenhum tem direitos

separados ou independentes, nem privilégios, nem cuidados, nem interesses: antes, compartilham de tudo, estão interessados pelas mesmas coisas e têm os mesmos alvos. Aristóteles dizia que os verdadeiros amigos são dois corpos com uma só mente; e esse sentimento aplica-se aqui.

2. Vivem para a *produção* de uma carne, uma referência ao dever e privilégio que têm de se reproduzirem segundo a sua espécie.

3. O termo pode expressar união espiritual. Os dois tornam-se uma única pessoa, embora possuidores de dois corpos. Sua união, pois, é uma união de almas.

4. "A união entre os dois é tão íntima que é como se fossem uma só pessoa, uma só alma, um só corpo, o que faz contraste com a poligamia, o divórcio ilegítimo, toda espécie de imundícia moral, fornicação e adultério" (John Gill, *in loc*).

5. A esposa é o "ego-fêmea" do esposo, a sua hetero--identificação.[22]

Fica claro que o relacionamento entre o eu e o tu deve ser recíproco. Não se trata apenas de um se fechar para si ou para o outro, mas de se libertar para a mutualidade. Isso pode ser visto em Cântico dos Cânticos 1.4, em que o casal se entrelaça a ponto de o amor acontecer na mais perfeita pureza.

Outro elemento que deve caracterizar o relacionamento sexual é a fecundidade. Convém esclarecer que essa palavra não deve ser entendida apenas no sentido de procriação, mas como um processo que leva o casal a dar surgimento à vida e um sentido ao ajuntamento, pois o

---

[22] CHAMPLIN, Russell Norman. **O Antigo Testamento interpretado**: Versículo por versículo. São Paulo: Hagnos, 2001, v. 1, p. 29. Grifos no original.

propósito dessa união é a produtividade: não só filhos, mas amor, bem-estar, vida feliz e comunicação.

Não se pode dizer que o casal sem filhos não será feliz ou que não produzirá nada, porque no relacionamento sexual está presente o crescimento de marido e mulher. Eles se realizam e se completam ao proporcionar crescimento um ao outro. O primeiro aspecto da união entre o homem e a mulher é o crescimento do amor, que floresce por meio deles. Já na paternidade e na maternidade, surge outro tipo de relacionamento: a chegada dos filhos é o *télos*, ou seja, o propósito da sexualidade, da formação da família.

Alguns estudiosos e teólogos levaram o tema da sexualidade para o campo místico, como Gregório de Nissa e Bernardo de Clairvaux. Eles diziam que o livro de Cântico dos Cânticos expressa palavras de êxtase espiritual, que conduzem o ser humano ao encontro da verdadeira vida e paz com Deus, por meio de Cristo. Por isso, muitos passaram a ver o sexo do ponto de vista transcendental. Desse modo, ele foi transportado para o campo da sacramentalidade, em contraposição ao que Jesus e Paulo afirmaram, ou seja, que o sexo faz parte deste mundo (cf. Mateus 22.30 e 1Coríntios 7.33).

três
A DISCRIMINAÇÃO DA MULHER NA HISTÓRIA

Se o complexo de Édipo faz referência ao homem, **a sexualidade da mulher também é contemplada** nas narrativas míticas, como no mito de Electra.

Neste curto capítulo, desejo analisar como a mulher tem sido discriminada nas mais variadas culturas do planeta ao longo dos séculos e como isso se contrapõe ao plano de Deus para ela, criada à imagem e semelhança do Senhor e, logo, totalmente digna.

Se o complexo de Édipo faz referência ao homem, a sexualidade da mulher também é contemplada nas narrativas míticas, como no mito de Electra.[1] Ele representa a problemática do desenvolvimento feminino malsucedido e, em geral, marcado por ciúmes, masoquismo, dramatização, rejeição da feminilidade e repressão sexual.

Freud afirmava que a mulher era um ser afetado por diversos complexos, e um deles era saber que não tinha pênis, o que lhe causaria grandes perturbações emocionais e até psicossomáticas. Esse sentimento de castração teria dado origem a três tipos de mulheres: as que aceitam essa condição por serem agraciadas com um filho, as que se apegam ao resto da energia sexual que lhes sobrou e as que não fazem caso do sexo. Por causa dessa suposta inferioridade, a mulher foi muitas vezes discriminada.

---

[1] O mito de Electra, originário da mitologia grega, busca fazer uma exploração envolvendo assuntos de vingança, justiça, traição e a complexidade das relações familiares. Diversas obras literárias, em especial nas tragédias gregas, consideram-no uma fonte rica de inspiração para dramaturgos como Sófocles e Eurípides.

Considero essa teoria absurda, pois carece de fundamento e serve apenas para elevar a masculinidade a uma posição de superioridade que o próprio Senhor não lhe concedeu. Se, pelos parâmetros bíblicos, a mulher foi feita por Deus com total dignidade (cf. Gênesis 2.22 e Gálatas 3.23), à luz da história, sempre houve da parte de muitos homens um desejo de pôr a mulher em sujeição — e inúmeras teorias foram elaboradas com esse propósito. A Bíblia, no entanto, não só valoriza a mulher, como a põe em posição de rainha, a quem o próprio homem dedica canções (cf. Gênesis 2.23 e Efésios 5.30).

As teorias depreciativas que surgiram em torno da mulher serviram para levá-la a se posicionar e buscar o devido reconhecimento. Em alguns países, ela começou a conquistar seu espaço e o respeito que merece.

O psicólogo holandês Frederik Buytendijk entende a relação entre homem e mulher como dois modelos de vida. Da parte do ser masculino, vem o trabalho, uma ação enérgica, dura e braçal; da parte do ser feminino, o cuidado e a delicadeza. Sobre essa teoria, é preciso levar em conta os aspectos culturais e locais, que são bem variados, mas não se pode negar que ela aponta um reflexo de homem e mulher. Aliás, em nossos dias já vemos muitas mulheres trabalharem fora enquanto o marido fica em casa cuidando dos filhos.

> *A Bíblia, no entanto, não só valoriza a mulher, como a põe em posição de rainha, a quem o próprio homem dedica canções (cf. Gênesis 2.23 e Efésios 5.30).*

Em lugar algum a Bíblia declara que só o homem deve trabalhar para manter a casa e que a mulher deve cuidar apenas da louça e das crianças. A responsabilidade

A discriminação da mulher na história

de cuidar do Éden foi entregue por Deus a Adão e a Eva (cf. Gênesis 1.28) e a mulher virtuosa de Provérbios 31.10-31 é bastante ativa em seu labor.

O relato de Gênesis mostra que um não é maior que o outro, porque homem e mulher vieram do mesmo Deus. A diferença está apenas no modo de existir. Distingue-se neles somente o fato de serem macho e fêmea, elementos importantes para se entender que um não é o outro, contudo, constituem um só. Marido e mulher se relacionam com mutualidade, de modo que o homem se sente homem quando olha para a mulher, e a mulher se sente mulher quando olha para o homem.

O relacionamento entre masculino e feminino é um processo no qual cada um assimila novos valores, ideais e sentimentos, que podem permanecer ou não. Todavia, sempre surge alguma coisa nova nesse relacionamento, para que a união entre eles se fortaleça. É algo bem dialético, que envolve romantismo, brigas, o lado econômico, os filhos, a riqueza e a pobreza, a religião e os familiares, entre outros fatores que contribuem para a formação de uma estrutura sólida na vida a dois. Assim, ambos vivem em mundos bem diferentes, marcados por um pluralismo de desigualdades, porém, é nessas diferenças que vão se humanizando, se integrando em seu universo histórico e se encontrando no outro.

Da perspectiva bíblica, macho e fêmea distinguem-se no aspecto biológico (cf. Gênesis 1.27) e, como já foi dito, é imprescindível que haja essa diferença, para que um saiba que não é o outro e tenha sua individualidade, embora sejam interdependentes (cf. 1Coríntios 11.11). À luz do contexto de Gênesis, Russel N. Champlin comenta:

> Não vemos aqui os detalhes do ato criativo da mulher, que só figuram em Gênesis 2.4 ss. Alguns estudiosos insistem em que os dois relatos foram escritos em dois tipos históricos de hebraico [...]. Nesse caso, algum editor reuniu esses informes, como se o segundo fosse uma espécie de suplemento do primeiro. Alguns intérpretes judeus afirmam, de modo muito absurdo, que a criação original (Gênesis 1) foi um ser hermafrodita, homem e mulher ao mesmo tempo, dois corpos, criados costa com costa. Mas a maioria dos estudiosos prefere pensar que o segundo relato suplementa o primeiro, conforme diz o ponto de vista conservador.[2]

Portanto, cabe aqui a pergunta: se homem e mulher são iguais perante Deus, por que tanta discriminação contra ela? Isso acontece nos ambientes em que vigora o machismo, pois muitos homens sempre lutaram para dominar o sexo oposto. A humilhação imposta pelos tais em diferentes culturas quase não conhece limites ao longo da história: cinto de castidade, excisão do clitóris e deformação do rosto e dos pés são apenas alguns exemplos de como isso se manifesta na prática.

Em muitas sociedades, o homem procurou eliminar a dignidade que o Senhor concedeu à mulher ao rebaixá-la de formas variadas. Em nosso contexto ocidental, muitas acabam objetificadas, principalmente pela publicidade e pela mídia, que exploram sua nudez e sensualidade para vender produtos e atrair telespectadores.

No entanto, enquanto muitos procuram depreciar a mulher na sociedade secular, a Bíblia a elogia desde a criação. Provérbios a põe em posição de destaque. É ela,

---

[2] CHAMPLIN, Russell Norman. **O Antigo Testamento interpretado**: Versículo por versículo. São Paulo: Hagnos, 2001, v. 1, p. 17.

Portanto, cabe aqui
a pergunta:

se homem e mulher são iguais
perante Deus,

**por que tanta
discriminação
contra ela?**

por exemplo, quem cuida das tarefas em diferentes âmbitos, e o marido e os filhos a louvam por sua sabedoria (cf. Provérbios 31.28). Muitas mulheres ainda não se deram conta de que, apesar de tudo o que conquistaram e do espaço que ocupam no mundo ocidental, continuam sendo usadas e tendo sua imagem depreciada.

Homens do passado transformavam mulheres escravizadas em objetos de prazer, enquanto ditavam à esposa o comportamento que, como senhora casta, deveria ter na intimidade, sem direito a fantasias sexuais. Toda essa opressão é desconectada da Bíblia, mas nasce do orgulho do ser humano, que usa de vãs filosofias e interpretações fora do contexto para afirmar uma primazia artificialmente imposta (cf. Gênesis 1.26; 2.28). Aristóteles, por exemplo, dizia que a mulher só recebia sua alma oito dias após a concepção.

Sem dúvida, homem e mulher são diferentes, mas isso não abre caminho para preconceito ou desprezo contra ela. Os movimentos de libertação feminina surgiram como uma reação a isso. Exemplos são a luta da feminista francesa Olympe de Gougis pelos direitos das mulheres no século 18 e o primeiro movimento de emancipação feminina dos Estados Unidos, em 1948.

A mulher deve estar ciente de que, ao tentar ser reconhecida e valorizada, não deve fazê-lo pelo desejo de ser igual ao homem, pois isso atenta contra sua identidade. A busca por direitos deve ser exclusivamente na condição de mulher. Por meio de duríssimas e incansáveis lutas, o ser humano do sexo feminino tem conquistado seu espaço, todavia, não deve usar a liberdade obtida para seguir caminhos pouco recomendáveis, como o ideário de defesa do aborto, do sexo sem compromisso ou da perda da própria feminilidade.

Paulo diz que quem não souber valorizar sua liberdade poderá se tornar escravo outra vez (cf. Gálatas 5.1). O matrimônio não conquista esse espaço, tampouco uma postura celibatária, muito menos o que determina alguma lei ou instituição. A liberdade só é possível quando a própria pessoa toma consciência de si mesma e se valoriza como gente, não como objeto.

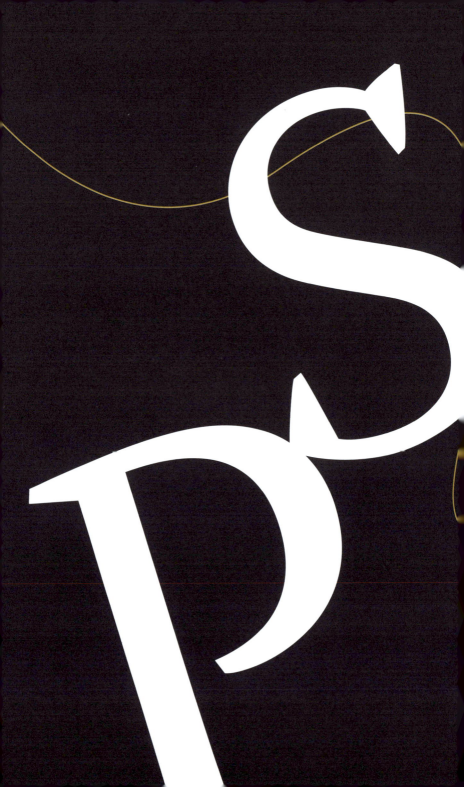

QUATRO

PRAZER SEXUAL E MORALIDADE

O prazer no casamento **foi concedido por Deus ao ser humano.** O pecado está no coração de **quem não quer fazer a vontade do Senhor.**

A criação de tabus sexuais entre cristãos resulta em uma ética denominada "tradicional", que vê o sexo apenas para procriação, não dá espaço à criatividade na intimidade e se reveste de um falso moralismo. Por esse motivo, muitos cristãos lamentavelmente usam a esposa apenas como um objeto de prazer. Essa é uma realidade triste, mas para a qual não podemos fechar os olhos, se desejamos levar nossos irmãos e irmãs a viver a liberdade sexual que Deus idealizou para marido e mulher.

Por causa desse tipo de pensamento, muitas mulheres cristãs se transformaram em "estátuas", sem imaginação e sem expressão corporal, pois, para elas, tudo é pecado. Assim, muitos casais já vão para a cama com medo de pecar e com limitações exageradas: "Não toque aí"; "Não beije aqui"; "Será que é pecado fazer isso?". No entanto, não poucas dessas pessoas passam o dia brigando, dormem separadas e não se respeitam.

O prazer no casamento foi concedido por Deus ao ser humano. O pecado está no coração de quem não quer fazer a vontade do Senhor. Paulo diz: "Para os puros, todas as coisas são puras [...]" (Tito 1.15). Sobre o propósito do sexo de acordo com o conceito bíblico, Tim e Beverly LaHaye comentam:

> Foi Deus quem criou o sexo. Ele formou os instintos humanos, não com o fim de torturar homens e mulheres, mas para

proporcionar-lhes satisfação e senso de realização pessoal. Conservemos sempre em mente como foi que isto se deu. O homem sentia-se irrealizado no Jardim do Éden. Embora vivesse no mais belo ambiente do mundo, cercado de animais mansos de toda sorte, ele não tinha uma companhia que fosse de sua espécie. Então, Deus retirou de Adão um pedaço de seu corpo, e realizou outro milagre da criação — a mulher — semelhante ao homem sob todos os aspectos, com exceção do aparelho reprodutor. Ao invés de serem opostos, eles se completavam mutuamente.[1]

Devemos fazer sexo com prazer (cf. Eclesiastes 9.9). O casal que tem o amor de Deus no coração não vê o ato sexual como um fim em si mesmo nem se aproveita do outro como objeto, pois sabe que o cônjuge carrega a digníssima imagem e semelhança de Deus (cf. Gênesis 1.27).

Os teólogos William Cutrer e Sandra Glahn afirmam:

Sexo envolve mais do que a definição didática de relação sexual. Ele envolve a expressão física de amor e prazer. Assim, pode ou não incluir intercurso, ejaculação ou orgasmo. Estas são opções possíveis, mas não exigências.[2]

Quem deseja apenas o prazer torna-se hedonista, ou seja, vê o sexo como algo banal, não respeita o outro nem seus sentimentos, não valoriza o amor e despreza o casamento e a família. Infelizmente, por causa do prazer sem amor e sem responsabilidade muitos têm morrido na bebida e nas drogas. O professor e escritor americano Larry Crabb esclarece:

---

[1] LAHAYE, Beverly e Tim. **O ato conjugal.** Belo Horizonte: Betânia, 1989, p. 18.
[2] CUTRER, William; GLAHN, Sandra. **Intimidade sexual no casamento.** São Paulo: Cultura Cristã, 2001, p. 21.

Prazer sexual e moralidade

> A maioria dos casais que procuram aconselhamento na área de sexo geralmente deseja menos do que Deus quer dar-lhes. Muitos homens, por exemplo, querem apenas aprender a controlar a ejaculação, e as mulheres expressam o desejo de ter orgasmo com mais frequência. O que a maioria quer aprender, na verdade, é [a] diminuir as tensões na cama, e descobrir meios para que os dois desejem mais e desfrutem melhor da experiência sexual. Sempre que leio a romântica história de "Cantares" e medito na preciosidade da união conjugal (e ela é tão preciosa que simboliza a ligação de Cristo com sua Noiva), sou levado a pensar no quanto estão perdendo os casais crentes que buscam na relação sexual apenas mais prazer e menos frustração. Não quero dizer com isso que recomendamos aqui um sexo "espiritualizado", desvestido dos prazeres sexuais; não. Contudo, acredito que nossa constituição sexual nos dá condições para usufruir muito mais que meramente um bom orgasmo. É tolice insistir em nadar numa poça d'água, quando Deus coloca à nossa disposição todo um oceano. É mais que tolice. Além de nos privar da bênção que o Senhor tem para nós, empana a glória de Deus e rouba de nós o prazer de proporcionar satisfação a outrem.[3]

O sexo egocêntrico jamais fez parte do teor das Escrituras. Prova disso é o caso de Onã, morto porque foi egoísta no cumprimento dos deveres maritais (cf. Gênesis 38.9,10). O fato de homem e mulher serem "uma só carne" implica ideais e desejos comuns, pois ambos estão comprometidos por uma aliança. Isso exclui o individualismo, o egocentrismo, o prazer isolado. O casal deve promover o amor, a fidelidade, o prazer, a procriação e o companheirismo. Esse é o padrão da Bíblia para a vida a dois, de modo que,

---

[3] CRABB, Larry. **Como construir um casamento de verdade**. Belo Horizonte: Betânia, 1995, p. 103.

a cada novo modelo ou estrutura de relacionamento, o que se deve seguir é o que consta na Palavra de Deus.

Os problemas da vida a dois não decorrem de erro bíblico, mas do abandono do propósito estabelecido por Deus. O fato de o ser humano se deixar levar por padrões pagãos resultou em uma vivência conjugal edificada sobre normas absurdas.

ÉTICA SEXUAL

No campo ético, a análise sexual não deve ser pautada apenas pelo aspecto científico, pois isso faria a beleza divina do relacionamento se transformar em mera análise de objetos. De acordo com a Bíblia, Deus criou o ser humano com a capacidade de desenvolver uma atividade sexual maravilhosa. Mark e Grace Driscoll esclarecem:

> Seu ideal de beleza deve ser a sua esposa. De todos os princípios sobre os quais conversarmos com pessoas do mundo inteiro a respeito de sexo, esse talvez seja o que nos deu uma resposta mais positiva. Esse princípio pode salvar, sozinho, muitos casamentos. Deus criou um homem e uma mulher. Ele não perguntou se queriam um parceiro alto ou baixo, gordo ou magro, de pele clara ou escura, com cabelo curto ou comprido, isto é, ele não permitiu que os seres humanos desenvolvessem um ideal de beleza; em vez disso, ele considera cada esposo ideal de beleza.[4]

Na ética sexual, esse assunto deve ser tratado sem o olhar isolado do filósofo, do cientista ou de um falso

---

[4] DRISCOLL, Mark e Grace. **Amor, sexo, cumplicidade e outros prazeres**. Rio de Janeiro: Tomas Nelson Brasil, 2011, p. 145.

moralismo religioso. Nesse particular, o melhor é examinar o assunto pelas lentes da Palavra de Deus. Sabemos que o sexo tem suas leis naturais e seus limites, mas convém lembrar que o ser humano é finito, dependente das condições humanas, ou seja, precisa se abrir para os outros e buscar interação com a cultura e com a história dele próprio. Como seres finitos, homem e mulher devem prosseguir na busca da maturidade na vida amorosa, que se dá por meio da reciprocidade e da integração. Só se entrega com total liberdade, amor, carinho e desejo ao ato sexual quem busca amparo no abraço do outro. Já quem não sabe se relacionar jamais desenvolverá uma ética sexual adequada.

Quando dizemos que o sexo tem seu lado ético, estamos afirmando que não cabem no relacionamento conjugal palavras mentirosas, atos fraudadores, orgasmos fingidos, mera busca de prazer ou ausência de compromisso. Assim, afirmamos sem rodeio que esse tipo de sexo é imoral e vai de encontro aos padrões da Palavra de Deus.

O AMOR E O SEXO

Tudo na vida precisa ser organizado e bem construído, e com a sexualidade humana não é diferente. No entanto, a boa estruturação da vida sexual só é possível a seres conscientes, pensantes. Não está ao alcance dos animais, porque eles fazem o coito apenas por instinto.

Nesse processo da estruturação, o amor pode ser construído tanto no campo da racionalidade quanto da irracionalidade. Homens e animais desenvolvem o *amor afeição*, caracterizado pela consanguinidade. É o querer bem e o cuidado que se estendem a todos os que fazem parte da família. Já o *amor amizade* é marcado pela afinidade, processada por escolhas livres, provenientes de interesses e pensamentos. O *amor sexual*, por sua vez, busca o interesse do outro com a intenção de juntar dois seres diferentes em uma união plena — o eu e o tu formando um só corpo (cf. Gênesis 2.24).

A base para os exemplos acima é o *amor ágape*, aquele que abraça e acolhe a todos, sem distinção. Sua grande virtude é o fato de que ele provém de Deus (cf. 1João 4.8). Esse amor é como um grande oceano: não conhece limites, barreiras ou preconceitos, mas procura o bem de todos. Os autores Marta Doreto e Claudionor de Andrade acrescentam:

> O amor desenvolve-se ao pouco, como aquela sementinha que, plantada, leva tempo para germinar, alongar seus brotos, dando tempo para que as raízes se firmem e se aprofundem no solo [...]. O amor verdadeiro é aquele sentimento que faz você dedicar-se a uma única pessoa, esteja ela presente, ou não. O amor é fiel: ninguém mais interessa, ainda que seja uma pessoa mais bonita ou mais atraente [...]. O amor compreende, ajuda a superar e a corrigir. É por essas e outras que um casamento não pode subsistir na base da paixão [...]. O que conta para o amor é o relacionamento global, incluindo a atração física, mas não fazendo dela o principal ponto.[5]

Entendemos então que o amor não é um sentimento que se processa sozinho, isto é, não surge do acaso, mas trata-se de uma escolha livre e consciente de cada pessoa. A base de tudo é o amor ágape — razão pela qual Jesus disse que é possível e desejável amar até mesmo os

---

[5] ANDRADE, Marta Doreto e Claudionor Corrêa de. **Responda-me, por favor!** Rio de Janeiro: CPAD, 1994, p. 56-57.

inimigos (cf. Mateus 5.44). É interessante notar também que o apóstolo Paulo recomenda que os maridos amem a esposa, como uma postura proativa (cf. Colossenses 3.19).

A estruturação da vida sexual inclui alguns elementos, como corpo, pensamento e espírito. Não só o corpo deve estar envolvido, mas a personalidade humana como um todo. O simples uso de um membro não é o bastante para abranger o ser humano por completo ou para que haja respeito pela vida do outro.

O sexo no nível do *eros* não busca um prazer banal e, sim, uma afinidade, a sintonização do corpo, da mente e do espírito. É uma ação que não se concentra no querer para si, mas no entrosamento com o outro.

Pela perspectiva teológica, o *ágape* fala do amor de Deus, a manifestação de sua amabilíssima graça. Com relação ao ser humano, abarca o espírito, a razão e a vontade. Quando surge o desejo sexual, o amor ágape induz a pessoa a pensar no outro.

> A palavra *Ágape* vem de *agapao*. No grego clássico significava acolher, entreter, gostar de, amar, contentar-se com. "Ágape" fala de "amor". O termo figura no Novo Testamento grego por 116 vezes, com a ideia de "amor", "caridade", "querido" e "festa de amor". A forma verbal aparece por 142 vezes no Novo Testamento, dando a entender "amar" ou "ser amado".[6]

É o amor ágape que lapida os demais até o estado de pureza. Quem tem o coração dominado por ele valoriza o corpo do outro, o jeito próprio de ser da pessoa, o que ela realmente é.

---

[6] CHAMPLIN, Russell Norman; BENTES, João Marques. **Enciclopédia de Bíblia, teologia e filosofia**. São Paulo: Candeia, 1995, v. 1, p. 74.

O CRISTÃO E O DESEJO SEXUAL

Muitos cristãos pensam que ter fantasias sexuais é errado, mas foi Deus quem nos formou e pôs em nós esses desejos, que fazem parte integrante de nossa estrutura sexual. O que ele requer é sejam bem canalizados, usados no momento certo (cf. Cântico dos Cânticos 2.7; 3.5; 8.4).

Não há na Bíblia nenhum ensino a favor da abstinência do prazer sexual. Paulo diz que marido e esposa podem combinar a abstenção, mas por pouco tempo. O desejo que os incendeia não é pecaminoso. Pelo contrário, o servo de Cristo pode usufruir dele no âmbito do casamento, daí a recomendação do apóstolo: "Por causa da imoralidade, cada um deve ter sua esposa e cada mulher o seu próprio marido" (1Coríntios 7.2).

No tocante aos desejos sexuais, não se pode supervalorizar o espiritual em detrimento do prazer, que é bíblico (cf. Eclesiastes 9.9), mas também não se deve, em nome do prazer, desprezar o espiritual. Sem um bom entendimento do assunto, corremos o risco de sermos fechados demais para um e liberais demais para outro.

Paulo trata com muita propriedade da vida sexual dos casados, mas também tem recomendações para os solteiros. Aos jovens, ele recomenda continência e castidade, mas isso não significa que o apóstolo esteja condenando o prazer sexual nessa idade. Seu conselho é que eles aguardem o momento certo para ter relações sexuais, ou seja, após o casamento. Enquanto isso, eles poderão se dedicar à obra de Deus (cf. 1Coríntios 7.32).

Muitos cristãos pensam que ter fantasias sexuais é errado, mas foi Deus quem nos formou e pôs em nós esses desejos.

Infelizmente, muitos casais cristãos são infelizes não só na cama, mas na vida a dois, porque não entenderam a bênção do prazer e dos desejos. Se tivessem uma visão bem definida da vida conjugal, seu relacionamento seria maravilhoso. Há homens que evitam proporcionar noites inesquecíveis à esposa por pensar que prazer demais é pecado. Os pastores Paulo César e Claudete Brito esclarecem:

> Infelizmente, na cabeça de alguns homens, o sexo é meio pecaminoso, não sendo permitido à mulher sentir prazer e desejo sexual, uma vez que mulher direita — no pensamento desses homens, não deve exteriorizar o prazer. Infelizmente, ainda há quem pense assim, achando que quem tem orgasmo é a prostituta, não a mulher de casa. Resultado: há mulheres que, no momento do ato sexual, parecem uma tábua, ficam como que mortas, sem poderem e sem se sentirem estimuladas a darem sinal de aprovação àquele gesto. Eu acredito que o marido que tem uma relação sexual assim com a esposa deve sentir-se um necrófilo, ou seja, assemelhar-se àquele que tem prazer sexual com um cadáver.[7]

SEXO SEM CULPA NEM TIMIDEZ

O sexo foi feito para o ser humano, e quem é espiritual pode usufruir desse maravilhoso prazer, sem dor de consciência, desde que seja praticado dentro de um casamento monogâmico. Nenhuma autoridade eclesiástica está autorizada a sustentá-lo como pecado. Ao longo da história,

---

[7] BRITO, Paulo César e Claudete. **Sexo**: Os limites do prazer. Brasília: Vinde, 1997, p. 43-44.

O casal cristão que, em nome da espiritualidade, **não se entrega ao prazer está pecando,** pois é um ato praticado por puro egoísmo.

muitos se posicionaram contra o prazer sexual, mas o cristão que segue a Bíblia entende que o prazer provém de Deus e, por isso, pode ser desfrutado sem receio.

Tomás de Aquino estava certo quando declarou que a intensidade do prazer no ato sexual bem ordenado em nada contraria a razão. Podemos dizer que o homem se rende em sua completude nesse momento, e isso pode ser feito para a glória de Deus (cf. 1Coríntios 10.31).

Alguns teólogos são da opinião de que, no momento do relacionamento íntimo, especialmente na hora do orgasmo, por pouco tempo nos desviamos do espiritual, mas isso não é problema, pois quando estamos em sono profundo também não pensamos em coisas espirituais. Cada postura tem seu momento, e isso vem de Deus.

O casal cristão que, em nome da espiritualidade, não se entrega ao prazer está pecando, pois é um ato praticado por puro egoísmo. Mas, quando envolve o todo do homem e da mulher, cada um está pagando seu débito (cf. 1Coríntios 7.3). Assim como é pecado a entrega desregrada ao prazer, o sexo sem prazer também é pecaminoso.

A própria anatomia do corpo humano deixa claro que Deus o criou para sentirmos prazer, como deixa claro o clitóris da mulher. O cristão salvo tem a Palavra de Deus para se orientar. Assim, guiado por boa consciência, sabe o que deve praticar ou evitar, de acordo com a vontade divina. Paulo diz que devemos ter tudo bem definido na mente (cf. Romanos 14.5). Portanto, não há motivo para abrirmos mão do prazer sexual.

Além disso, todo casal deve estar consciente de que é natural sentir vergonha em exibir o corpo nu. Esse pudor é uma reação natural e até de autodefesa (cf. Gênesis 3.7-11).

No campo da sexualidade, homem e mulher são convidados a se conhecerem e a se revelarem um ao outro, porém, com maturidade e conhecimento, sem dar lugar à luxúria desenfreada, mas com respeito, pois Pedro recomenda que o marido trate a esposa com sabedoria e honra (cf. 1Pedro 3.7). O casal não pode trilhar o caminho do falso pudor e da hipocrisia, mas a timidez é natural.

Cabe aqui uma observação sobre o pudor. Ele nem sempre é caracterizado pela modéstia no vestir. A pessoa pode estar bem vestida, mas ser provocante nos gestos e nos olhares. Já em certas comunidades indígenas, a nudez não incomoda, pois não há nela intenções escusas. As vestes podem provocar desejos sexuais ou ter efeito contrário. O pudor ou a ausência dele sempre vem de dentro da pessoa.

A vergonha entre o casal normalmente é vencida pelo convívio, uma vez que a timidez é superada à medida que o relacionamento amadurece e os cônjuges estabelecem um diálogo aberto. Mark e Grace Driscoll orientam:

> O sexo deve ser feito de modo que não haja vergonha. Muitas pessoas experimentam a vergonha durante a atividade sexual. Às vezes, a vergonha é uma bênção de Deus em resposta a um pecado sexual; às vezes, é um sentimento devastador, que surge quando pecam sexualmente contra nós; e pode acontecer ainda de você não ter pecado, nem terem pecado contra você, mas a vergonha aparece por conta de uma desinformação a respeito do sexo em geral, ou de algum ato sexual em particular.[8]

---

[8] DRISCOLL, Mark e Grace. **Amor, sexo, cumplicidade e outros prazeres**. Rio de Janeiro: Tomas Nelson Brasil, 2011, p. 145.

O SEXO E A TEOLOGIA

Teologicamente, o sexo é uma bênção divina para o homem e para a mulher e não deve ser regido por nenhum tipo de legalismo que venha a escamotear o prazer da vida a dois. Russell N. Champlin fala da importância de se atentar para o real propósito da sexualidade:

> Embora a palavra *sexo* não seja mencionada na Bíblia, o tema ocupa um espaço muito amplo nessa coleção de documentos, e tudo o que há de bom e de ruim relacionado a isso é descrito de forma explícita. Os hebreus não eram um povo puritano. Na verdade, eram um povo do vinho, das mulheres e da canção. Confinar o sexo dentro do casamento exigia a instituição do concubinato, que, de modo geral, tinha regras muito frouxas, portanto, o ideal (da Criação) de um homem para uma mulher na prática quase nunca teve efeito. Apenas as mulheres estavam limitadas a um único homem. O ideal original de Gênesis 1.26-28 era que houvesse uma união entre um homem e uma mulher e que essa união tivesse o propósito da procriação, pois era *obrigação* deles "frutificar e multiplicar". Jesus aprovou o plano original como sendo parte do esforço contra o abuso (cf. Mateus 19.4.8).[9]

Sabemos de histórias de casais que, por uma interpretação teológica pessoal, criaram as regras mais absurdas com relação ao ato sexual. Esse ascetismo cruel impede que as pessoas desfrutem dessa dádiva divina com alegria, e o resultado são um marido e uma esposa infelizes.

A vida sexual é prazerosa e não pode ser tolhida por causa de interpretações infundadas ou por imposições humanas.

---

[9] CHAMPLIN, Russel Norman; BENTES, João Marques. **Enciclopédia de Bíblia, teologia e filosofia**. São Paulo: Candeia, 1995, v. 6, p. 192. Grifo no original.

É possível que o casal, às vezes por falta de experiência e de conhecimento, cometa alguns equívocos nessa área, mas não é motivo para que se diga que a vida a dois não é boa.

Nem o marido nem a esposa devem pensar no ato sexual como algo feio ou sujo. Quem pensa assim pode não estar bem consigo mesmo ou talvez sofra de algo que o induza a não considerar o sexo uma dádiva divina. Mas, sem dúvida, ele é conspurcado quando foge aos ditames das Escrituras, como no caso da prostituição, da fornicação e do adultério (cf. 1Coríntios 6.18 e Mateus 5.27,28).

A IMPORTÂNCIA DAS FANTASIAS SEXUAIS NO CASAMENTO

Fantasiar é a faculdade de imaginar, de criar algo na mente. O homem e a mulher são formados por corpo, alma e espírito, o que mostra que são capazes de ir além da matéria e deixar o pensamento livre. O psicólogo Douglas E. Rosenau define a fantasia de modo maravilhoso e preciso:

> A mente e a capacidade para pensar e imaginar são elementos vitais da criatura humana. Essa capacidade de apreciar imagens mentais pode ser utilizada para expandir e desfrutar todos os aspectos da sua vida, inclusive o relacionamento sexual. Uma vida em que a fantasia é ativa e presente pode ser maravilhosa para construir grande vida sexual com o seu cônjuge. Porém, a fantasia também pode distorcer e prejudicar o casamento. [...] O sexo não é diferente de outros processos, todos eles usam a fantasia [...]. A sua mente, com a capacidade de criar e armazenar informações, é o ponto central para você imaginar e vivenciar o prazer erótico. Eis tudo o que a fantasia sexual é: sua mente, imaginação e imagens que são associadas com a excitação sexual [...]. O sexo

é talvez 80% fantasia (mente e imaginação) e cerca de 20% estímulos. Com certeza, acariciar e estimular as zonas erógenas é muito prazeroso, porém o que verdadeiramente produz a excitação é a sua mente.[10]

O ser humano tem a capacidade de planejar e sonhar. O planejamento está relacionado com o ato em si, a intenção, o exterior. Já o sonho diz respeito ao nosso interior. O erro ou o acerto depende de como a pessoa projetou isso na mente, o que pode revelar uma alma contaminada por conceitos contrários aos princípios divinos, repleta de pensamentos impuros, negativos e imorais (cf. Mateus 15.19), enquanto "Para os puros, todas as coisas são puras [...]" (Tito 1.15).

Jesus condenou a fantasia sexual, porém, apenas quando mal direcionada: "[...] Qualquer que olhar para uma mulher e sustentá-la, já cometeu adultério com ela no seu coração" (Mateus 5.28). Como o Senhor deixa claro, é inadmissível que o homem casado imagine estar fazendo sexo com outra mulher. No entanto, fantasiar com a esposa é plenamente aceitável. O teólogo James B. Shelton comenta as palavras de Jesus:

> Alguns fariseus fechariam os olhos ou andariam com a cabeça inclinada para não olhar uma mulher. Mas Jesus identifica o coração como a principal parte ofendida do ser humano, pois o coração é a sede da vontade, da imaginação e da intenção da pessoa, embora os olhos tenham sua parte. Jesus não está condenando a atração sexual natural, mas a luxúria ou desejo lúbrico (v. 28). A mensagem de Jesus é clara:

---

[10] ROSENAU, Douglas E. **Celebração do sexo**: um guia para apreciar o presente de Deus no casamento: o prazer sexual. São Paulo: Hagnos, 2006, p. 158.

> Se a pessoa tratar da intenção do coração, então os olhos cuidarão de si mesmos.[11]

Deus dotou cada um de nós com o poder da imaginação. É assim que a criança cria seu mundo particular e vive a mais bela fase de sua vida. Tente imaginar o ser humano sem essa capacidade criativa. Podemos dizer que a fantasia é o estímulo que Deus concedeu ao homem e à mulher, e fazer uso dessa dádiva em pureza redundará em grande bênção.

É bem verdade que, quando se trata de sexo, o homem tem mais imaginação que a mulher, talvez por uma questão cultural. No entanto, ela também pode ter fantasias sexuais com o marido. Toda esposa bem informada sabe que o homem responde a estímulos visuais, por isso deve investir pesado em *lingeries* sensuais, por exemplo. A mulher cristã casada e sábia sabe que precisa ser provocativa.

Estamos cientes do poder da mente, por isso ela precisa ser educada na questão sexual, a fim de não ser desviada de seu curso de legalidade e pender para a anormalidade. Cristãos radicais tratam as fantasias sexuais como algo imoral, mas o casal cristão que as evoca não está cometendo nenhum pecado. O marido que diz à esposa como pensa nela e como a deseja está expressando algo bom que domina seu coração e sua mente. O mesmo se aplica a ela. Quando falta essa imaginação, é sinal de que o relacionamento está esfriando.

> *Podemos dizer que a fantasia é o estímulo que Deus concedeu ao homem e à mulher, e fazer uso dessa dádiva em pureza redundará em grande bênção.*

---

[11] SHELTON, James B. Mateus. In: ARRINGTON, French L.; STRONSTAD, Roger (Org.). **Comentário bíblico pentecostal**. Rio de Janeiro: CPAD, 2003, p. 46.

Prazer sexual e moralidade

No entanto, como já foi dito, biblicamente não se pode direcionar a fantasia para outra pessoa que não seja o cônjuge. Também não se deve apelar para os filmes eróticos, porque não há nessa modalidade de entretenimento a valorização do ser humano, pelo contrário: é pura desumanização. Ralph H. Earle Jr. e Mark R. Laaser alertam sobre o perigo da pornografia:

> Todo pecado pode ser progressivo, e o seu preço pode ser a morte. Não podemos deixar de enfatizar que ver pornografia, por mais que para alguns possa parecer inofensivo a princípio, é algo tremendamente ofensivo. E esta é uma situação que certamente piorará com o tempo, e poderá até mesmo levar a consequências mortais.[12]

Entre as razões apresentadas pelos adeptos para o consumo de pornografia estão: excitação, busca do prazer, estética, ajuda para a disfunção sexual, e assim por diante. Sociólogos, psicólogos e psicanalistas têm procurado entender até que ponto esse hábito — ou vício — pode afetar a vida da pessoa. Ainda não há uma resposta definitiva, mas o certo é que o impacto é significativo.

Desfrutar do prazer sexual com nosso cônjuge é um presente divino, e devemos aproveitá-lo da melhor maneira, sem normas restritivas absurdas, mas também evitando exageros. E, para usufruir desse dom maravilhoso da melhor maneira possível, temos um manual infalível ao alcance da mão: a Bíblia Sagrada.

---

[12] LAASER, Mark R. **A armadilha da pornografia:** Orientações para pastores e leigos acerca do vício sexual. Rio de Janeiro: CPAD, 2002, p. 12.

CINCO
A ESTRUTURA SEXUAL NO ESCOPO BÍBLICO

A relação sexual tem a aprovação divina, desde que praticada de acordo com a orientação da Palavra de Deus:

"[...] o homem deixará pai e mãe e se unirá à sua mulher, e eles se tornarão uma só carne".

A relação sexual tem a aprovação divina, desde que praticada de acordo com a orientação da Palavra de Deus: "[...] o homem deixará pai e mãe e se unirá à sua mulher, e eles se tornarão uma só carne" (Gênesis 2.24). De acordo com comentaristas bíblicos:

> Essa afirmação constitui uma narrativa à parte, acrescentando um comentário sobre o aspecto social da vida das pessoas nas épocas posteriores. A história da criação de Eva é usada como base para o princípio legal da separação das famílias. Quando se efetivava um casamento, a esposa deixava seus pais e juntava-se à família de seu marido. Dessa maneira, novos compromissos de lealdade eram estabelecidos. Além do mais, a consumação do casamento está associada aqui à ideia do casal tornando-se uma só carne, assim como Adão e Eva originaram-se de um mesmo corpo. A afirmação de que o homem deixará sua família não se refere necessariamente a um costume social específico, mas ao fato de que, nesse capítulo, é o homem que busca uma companheira. Também pode ser referência ao fato de que as cerimônias de casamento, incluindo a noite de núpcias, em geral aconteciam na casa dos pais da noiva.[1]

Na prática, as estruturas dos relacionamentos sexuais foram se afastando, ao longo da história, do padrão de

---

[1] WALTON, John H., et al. **Comentário Bíblico Atos**: Antigo Testamento. Belo Horizonte: Atos, 2003, p. 30.

"uma só carne" porque, para atender aos desejos egoístas, a vida a dois — composta por marido e esposa — não era suficiente (cf. 1Coríntios 7.1,2). Com o tempo, formaram-se essencialmente duas estruturações da vida a dois: o modelo parental e o conjugal.

No casamento parental, a união se dá por meio de sujeição, e segue-se a ideia de que é o relacionamento que faz surgir o amor. Já no matrimônio conjugal, homem e mulher se casam porque se amam. A união se dá não por dominação, mas pelo aspecto igualitário. A decisão é firmada na reciprocidade, em um compromisso alicerçado por um pacto. Esse modelo está mais ligado à família nuclear e à vida urbana.

No caso do Brasil, as modificações feitas na legislação afetaram esses dois modelos, pois hoje se fala na "família amplíssima", que reúne pessoas ligadas por uma relação de dependência, mesmo sem vínculo de parentesco, ou seja, que podem estar unidas tanto pelo sangue quanto pelo afeto. A mestra em Direito Daniela Rosária Rodrigues diz que não se pode cogitar a existência de família sem laços de parentesco, mas ressalta que esse não é o único elemento qualificador. Ela explica:

> Em uma segunda acepção, a família é composta apenas por aqueles que guardam entre si vínculos de parentesco, seja consanguíneo, civil, ou afim. Trata-se da acepção ampla ou lata, usada como fundamento para definição dos vínculos de parentesco, como rezam os arts. 1591 a 1595 do CC. Na terceira acepção, a família se compõe de pessoas ligadas entre si em razão do casamento e pela afiliação, ou seja, cônjuges e filhos. No entanto, o art. 226 [parágrafo 8.º] da Constituição Federal, determina que "para efeito da proteção

A estrutura sexual no escopo bíblico

do Estado, é reconhecida a união estável entre o homem e a mulher como entidade familiar, devendo a lei facilitar a sua conversão em casamento". Vê-se, pois, efetiva inovação no direito de família, na medida em que não há mais exigências do casamento como seu elemento criador. Além disso, criou-se com a Carta Maior, em 1988, a família monoparental, com a mesma proteção do Estado. Ela é composta por qualquer dos pais e correspondentes descontentes, com qualificação de entidade familiar.[2]

Na narrativa bíblica, o modelo parental e o conjugal se cruzam. Há exemplos de casamentos arranjados, em que os pais buscam uma noiva para o filho (cf. Juízes 14.1-3), e de pessoas que tinham liberdade para escolher com quem se casar (cf. Gênesis 24.58 e Números 36.6). Embora o relato bíblico deixe claro que na era patriarcal era comum a prática da poligamia, o padrão divino sempre foi a monogamia, desde o Éden.

Há valores importantes no relacionamento monogâmico. Para começar, ele acontece dentro de uma legalidade conjugal que permite a prática do sexo na vida a dois, de acordo com o padrão bíblico. Com isso, descarta-se qualquer tipo de relação indevida. No contexto do ensino de Paulo, o amor e a fecundidade configuram as principais realizações desse modelo.

Além disso, faz-se necessário na relação monogâmica o entrelaçamento do amor e do sexo. Isso implica uma entrega total, com benefícios inegáveis: comunhão perfeita, convivência harmoniosa, completude e amadurecimento. Uma relação em que há concorrência,

---

[2] RODRIGUES, Daniela Rosário. **Direito civil:** Família e sucessões. São Paulo: Rideel, 2010, p. 15-16.

com atitudes amorosas divididas e incertas, jamais vai perdurar. Ainda que alguém diga que é possível viver harmoniosamente no modelo polígamo, jamais se verá nele a igualdade plena, pois dedicação absoluta é impraticável, com tantos corpos envolvidos. Sobre a poligamia que encontramos na Bíblia, o conselheiro Willian L. Coleman comenta:

> Se formos procurar um texto bíblico que condene claramente a poligamia veremos que a restrição só é feita para os reis (cf. Deuteronômio 17.17). Contudo, existem muitas passagens que dão a entender que o plano de Deus para o casamento era a união de um homem com uma só mulher. O objetivo básico do casamento era que marido e mulher se tornassem uma só carne (cf. Gênesis 2.24). Esse modelo foi confirmado por Cristo (cf. Mateus 19.6; Marcos 10.8). O que demonstra que a poligamia não é o ideal cristão.
>
> Já a poliandria — uma mulher com mais de um marido — não parece ter ocorrido entre os judeus.[3]

A monogamia pode parecer monótona para alguns, talvez por acharem que o amor e o sexo têm prazo de validade. Esse pensamento, porém, é equivocado. A verdade é que muitos casais não buscam renovação, não querem mais viver o encanto dos primeiros momentos de vida a dois nem se lançar à correnteza sem temer os obstáculos. Marido e esposa devem se entregar um ao outro de modo profundo, sem olhar para as coisas que ficaram para trás, mas buscando novos momentos de prazer (cf. Cântico dos Cânticos 2.9-11).

---

[3] COLEMAN, William L. **Manual dos tempos e costumes bíblicos**. Venda Nova: Betânia, 1991, p. 102-103.

O que solidifica a união monogâmica é a vontade de querer mais, o desejo recíproco, o envolver-se na mesma paixão e no mesmo sentimento. Ainda que a vida a dois seja marcada por algumas adversidades, oscilações e dificuldades, o desejo de estar com o outro é mais forte e sustenta qualquer relacionamento.

FATORES QUE ABALAM A ESTRUTURA FAMILIAR

Não se pode negar que, ao longo de sua existência, a estrutura da família tenha passado por diversas mudanças, o que ocorreu por inúmeros fatores. Antes ela era vista como extensa, mas agora prevalece a centralidade, o núcleo. Além disso, o casamento, outrora firmado em contrato, tornou-se pessoal. Não podemos dizer que essas alterações foram propositais, porque resultam de situações variadas, inclusive questões sociais e culturais, contudo, essa instituição divina tem sobrevivido a todas as crises.

Uma das causas da erosão na estrutura familiar é o crescente número de divórcios e os rompimentos recorrentes, e um dos motivos mais comuns é a crise financeira, pois é impossível dar dignidade a um lar sem um salário digno que proporcione condições adequadas de sobrevivência. A instabilidade causada pela falta de dinheiro pode enfraquecer os laços afetivos até chegar à dissolução.

Outro fator é o uso da imagem das mulheres para fins comerciais em nossa sociedade utilitarista, o que, além de desvalorizá-las, dá ao homem a sensação de que tem o poder de sustentá-las para usufruir delas como quiser. O resultado são constantes atritos e embates.

Os que atentam contra o **casamento monogâmico** buscam desfazer o paradigma cristão, sem **se importar com as consequências.**

A estrutura sexual no escopo bíblico

Fora isso, há também os ataques intencionais. Os que atentam contra o casamento monogâmico buscam desfazer o paradigma cristão, sem se importar com as consequências, que são evidentes, e incluem: casais efêmeros, sociedade insegura, falta de estabilidade, ausência de moralidade saudável e muito mais. Alguns movimentos culturais e sociais têm promovido caos nos relacionamentos, fomentando o sexo irresponsável, a permissividade sexual e até a infidelidade.

O mestre em Ciências da Religião Elinaldo Renovato esclarece que Satanás é um dos grandes incentivadores da destruição da família e que ele é a origem de todo tipo de leis e sistemas que combatem essa instituição:

> Os que, inebriados pela propaganda materialista, que prega novas formas de convivência social em substituição ao lar, preferem lançar-se ao mar revolto das aventuras, das libertinagens sexuais, do falso "amor livre", e das tantas outras fugas, a enfrentarem a realidade, da boa convivência social, com base na instituição da família.[4]

É evidente que a família está fragilizada diante da influência cultural do presente século, com os novos modelos propostos. Para vencer essa debilidade, o homem e a mulher precisam ter consciência de que, tanto no casamento por contrato quanto no modelo personalista, é imprescindível que ambos tenham o coração dominado pelo amor, pela sinceridade e pela verdade, pois só assim poderão criar uma linda família, um "lar, doce lar".

---

[4] RENOVATO, Elinaldo. **A família cristã nos dias atuais**. Rio de Janeiro: CPAD, 1986, p. 171.

É impossível ao mundo viver sem a família e seus valores e princípios. A sociedade perfeita e bela que todos anelam só é concebível com a manutenção dessa instituição maravilhosa, criada pelo próprio Deus. Por isso, ela precisa ser preservada, para o bem da humanidade.

O MODELO IDEAL DE FAMÍLIA

Em face das mudanças ocorridas na sociedade, inclusive no aspecto jurídico, diversas propostas têm sido apresentadas como um padrão ideal de família ou de casamento. Nessa busca, muitos formatos já foram sugeridos, como o sexo livre dos *hippies* e o amancebamento, mas todos eles afetam negativamente a instituição familiar, de modo que é preciso tomar uma atitude para preservá-la em seus aspectos legais e autênticos, enquanto se busca o modelo perfeito.

Pensou-se a princípio no modelo apresentado em Atos 2.42-45, que expressa a vivência cristã em comunidade, na qual todos procuravam os mesmos ideais e tinham os bens em comum. Os casais eram dirigidos pelos princípios cristãos, e os filhos eram ensinados pelo grupo. Algumas sociedades tentaram adotar esse padrão, mas sem sucesso. Havia elementos morais, sociais e espirituais interessantes, mas não constituíam um modelo ideal para a família.

Em tempos mais recentes, o antropólogo George O'Neill e sua esposa, Nena, tentaram demonstrar supostas vantagens do casamento aberto — relacionamento em que o casal se permite o envolvimento romântico e sexual com outras pessoas — para fugir do padrão da monogamia tradicional, considerado por eles "maçante, narcisista, sufocante e opressor". O modelo divino, que eles consideravam ser caracterizado pela propriedade, pela negação de si mesmo, pela fidelidade restrita e pelo exclusivismo, podia ser substituído por um formato em que cada um pode viver de maneira mais livre e independente, com papéis mais flexíveis, e dialogar com maior franqueza.

No entanto, os especialistas já perceberam que é extremamente difícil manter um relacionamento saudável quando um trio ou mais parceiros estão envolvidos. Veja o que diz o psicólogo americano Carl R. Rogers:

> Cheguei à conclusão — pelo material que reuni, pelas leituras que fiz e pelos relatos íntimos do capítulo seguinte — de que é muito mais difícil manter um relacionamento saudável e satisfatório num trio ou num casamento de grupo do que sustentá-lo num casamento entre duas pessoas.[5]

A conclusão é que, por mais que a humanidade tente criar outros modelos para o relacionamento conjugal, a vida a dois já foi estabelecida por Deus como padrão. Os demais caminhos, ainda que surjam em uma sociedade civilizada, só darão margens a mais problemas insolúveis.

Os novos modelos apresentados podem até parecer razoáveis, maravilhosos até, porém não estão pautados em um amor real e sincero, no qual cada um busca o bem do outro. Em vez disso, predomina o egoísmo e a busca de felicidade sem compromisso. Tais propostas jamais encontrariam terreno firme nas páginas das Escrituras, pois, de acordo com a Palavra de Deus, não se trata de homem e mulher tentando ser donos um do outro, mas de ceder

---

[5] ROGERS, Carl. R. **Novas formas de amor**: o casamento e suas alternativas. Rio de Janeiro: José Olympio, 1979, p. 42.

por temor a Cristo (cf. Efésios 5.25 e Colossenses 3.18,19). Caso um queira moldar o outro às suas preferências, o cônjuge submisso perderá a identidade e a convivência não será agradável, pois um deles escravizará o outro.

Fica claro que em um casamento não deve existir opressão nem independência em excesso. Nem tudo o que é permitido edifica, e a liberalidade não garante equilíbrio, muito menos felicidade. A submissão escravista também está longe do que Deus pretendia na união entre homem e mulher.

O matrimônio não pode ser um faz de conta. Não se pode escondê-lo sob a capa da falsidade ou dos interesses mesquinhos, como no caso de pessoas que mantêm a relação apenas por causa do dinheiro ou do *status*. São casamentos que tentam sobreviver apenas de aparência, sexo fingido e conveniência social.

Diante do exposto, nessa busca do modelo familiar ideal e em face de tantos ataques que a instituição do casamento vem sofrendo, convém atentar para o que diz o pastor e teólogo Alan Pallister:

> O casamento como instituição divina está em crise. Contudo, se for encarado apenas como um ato formal como associações mágicas ou sacramentais, não podemos lamentar muito esse fato. É preciso que os crentes que nutrem suas convicções e prática na Palavra do Senhor, e não nas ondas de opinião pública prevalentes, deem cada vez mais valor ao casamento não apenas como ato formal, mas como uma aliança, assumida diante de Deus, de natureza permanente e fonte de conforto e alegria ao longo de toda a vida.[6]

---

[6] PALLISTER, Alan. **Ética cristã hoje**: vivendo um cristianismo coerente em uma sociedade em mudança rápida. São Paulo: Shedd, 2005, p. 174.

O AMOR É A SOLUÇÃO

Antigamente, o casamento ocorria sem as regulações dos códigos legais, como hoje. A união "no religioso" também é um costume mais recente. Tudo se baseava em tradições familiares. Atualmente, porém, o matrimônio passa tanto pelos caminhos da legislação quanto — no caso dos cristãos — pela via eclesiástica. Contudo, há muitos casais vivendo de maneira irregular perante a lei e diante da igreja. Não estamos afirmando que entre eles não existe amor, carinho e compreensão, fatores que sustentam o relacionamento, mas entendemos que todo casamento deve ser autenticado perante aquelas instituições, pois isso proporciona mais solidez à sua estrutura.

Nesse particular, no caso dos cristãos, a igreja deve ser companheira. Os líderes precisam examinar cada situação bem de perto e agir pastoralmente no cuidado com a instituição do casamento. Temos consciência de que um pedaço de papel não garante o amor nem a boa unidade familiar, mas quem procede de acordo com as leis civis e eclesiásticas nesse particular está contribuindo para valorizar a vida a dois, pois quando um homem e uma mulher se amam de verdade eles desejarão o bem dessa união por todos os meios possíveis. A oficialização do ato só trará vantagens para ambos.

Embora alguns digam: "Vivi com essa pessoa muitos anos, mas depois que nos casamos oficialmente as coisas desandaram", afirmamos que tais declarações não expressam a verdade. O motivo é que a felicidade não pode ser promovida por um direito procedente de códigos e normas legais, porque eles não conseguem produzir o amor nem gerar respeito ou carinho. Isso só é possível mediante a decisão do casal de viver a dois nesses termos. É uma decisão pessoal.

Apesar de todo avanço e dos novos paradigmas de relacionamentos, os problemas no casamento só aumentaram e as separações e os divórcios se multiplicaram. A estrutura conjugal não se assenta em medidas ou modelos novos. Sua base consiste na decisão de viver a dois com o real desejo de compartilhar sonhos e construir um ninho de amor, do contrário, a união será um relacionamento de aparência.

Vida a dois é um compromisso para pessoas maduras, que desejam estar juntas apesar das diferenças e ser felizes nessa união. Quando almejamos algo, renunciamos a muita coisa: no emprego, sujeitamo-nos às ordens de nossos superiores; nos programas educacionais, submetemo-nos a novas propostas. No casamento, não é diferente. Se quisermos de fato viver com alguém até o fim da vida, precisamos estar cientes dos defeitos do outro e lidar com eles, a fim de que a união se perpetue. Só permanecerá o relacionamento sincero e honesto, em que há diálogo e verdade.

Vida a dois é um compromisso para pessoas maduras, que desejam estar juntas apesar das diferenças e ser felizes nessa união.

O relacionamento livre, pregado por muitos solteiros e viúvos, pode parecer vantajoso, pois não envolve compromisso algum. No entanto, o futuro deles não será sem sequelas, pois a não valorização do outro sempre terá suas consequências. Deus concedeu ao ser humano o prazer sexual, mas cada um deve ser responsável pela prática desse ato, que envolve um princípio cristão. A simples busca do prazer ou de uma aventura superficial, sem levar

A estrutura sexual no escopo bíblico

em conta a personalidade da outra pessoa, gera apenas sentimentos egoístas e a banalização da vida humana.

O jovem cristão solteiro, como preconiza Paulo, deve evitar o caminho da impureza sexual (cf. 1Coríntios 6.18), do grego *porneia*. O conceito na Bíblia fala de relação sexual ilícita, adultério, fornicação, homossexualidade, relação sexual com animais e outros.

A prostituição tem crescido muito no mundo, e muitos se deixam levar por ela impelidos pelo desejo ou como forma de obter o sustento com o próprio corpo. Seja qual for a situação, o conselho bíblico é que a pessoa fuja dela. O meretrício é um tipo de exploração, motivo pelo qual determinados países ordenam que estabelecimentos dedicados a esse propósito sejam fechados e que as pessoas envolvidas nesse comércio sejam presas. Não é algo imposto pela pobreza, porque em países ricos homens e mulheres também são explorados por essa prática, por isso ela deve ser combatida. Nem homem nem mulher foram feitos para serem meros objetos de prazer de alguém. Tais atitudes geram desumanização e desrespeito com aqueles que foram formados à imagem e semelhança de Deus. Os líderes religiosos e governantes devem lutar para que haja boa educação social, familiar e sexual, a fim de que a pessoa seja valorizada e dignificada.

SEIS
A LINGUAGEM SEXUAL

Quem se casa deve estar consciente de que foi chamado para

viver e expressar o amor sem qualquer receio ou temor.

Linguagem é qualquer meio sistemático de comunicar ideias ou sentimentos por meio de signos convencionais, sonoros, gráficos, gestuais, e outros. É a capacidade inata da espécie humana de aprender e de se comunicar por meio de uma língua, como também a maneira própria de um povo de se exprimir.

Battista Mondin, doutor em Filosofia e Religião, observa que:

> A linguagem é importante não só pela função descritiva e comunicativa, como também pela função existencial. Com efeito, além de descrever objetos e comunicar sentimentos, ela serve ainda para testemunhar aos outros e a nós mesmos a nossa existência.[1]

Na vida sexual, essa comunicação se expressa de várias formas, e a primeira delas ocorre na sexualidade matrimonial. Quem se casa deve estar consciente de que foi chamado para viver e expressar o amor sem qualquer receio ou temor.

É relevante que a linguagem do amor *eros* seja bem desenvolvida na vida conjugal. A falta dessa comunicação no relacionamento a dois é prejudicial, como observa o psicólogo Douglas E. Rosenau:

---

[1] MONDIN, B. **Introdução à filosofia**: Problemas, sistemas, autores, obras. São Paulo: Paulinas, 1980, p. 42.

> A ausência de comunicação sexual é incapacitante. Essa falta de comunicação impede que os casais façam ajustes e mudanças necessários para obter um maior prazer. Isso também os priva de um grande afrodisíaco, pois falar sobre sexo é muito excitante; além do que, impede o compartilhar as fantasias e a criação de noites eroticamente românticas.[2]

É certo que muitos casais não expressam a vida a dois a contento, conforme preconizado pela Bíblia (cf. Eclesiastes 9.9), apenas pelo fato de serem tolhidos por uma ética imposta, segundo a qual o sexo na vida conjugal se destina à procriação, e nada mais. As Escrituras, no entanto, não mencionam nada disso.

Podemos afirmar que a linguagem do amor erótico envolve a personalidade dos cônjuges por completo. O amor erótico não deve ser apenas um sentimento que se expresse no egoísmo, na esteira de uma paixão desenfreada, sem consideração pelo outro. Sua ternura está na compreensão, no respeito e na valorização do parceiro.

Para o casal cristão, a linguagem no sexo erótico é bíblica, embora não se deva espiritualizar tal ato. Deus fez o homem com a capacidade de atrair e sugestionar o desejo à mulher que ama. O próprio Senhor se refere a ela como "a mulher do teu amor" (cf. Deuteronômio 13.6). A amada deve, por meio do corpo, insinuar-se para seu amado. Esse entrelaçamento de ambos é descrito plenamente no romance entre Salomão e a Sulamita.

Alguns casais sofrem grandemente porque não vivem o lado erótico e sensual da vida a dois. É bem verdade que muitos se amam e se respeitam de verdade, porém, nesse

---

[2] ROSENAU, Douglas E. **Celebração do sexo**: um guia para apreciar o presente de Deus no casamento: o prazer sexual. São Paulo: Hagnos, 2006, p. 182.

A linguagem sexual

aspecto não arriscam aventuras nem exercitam a paixão, como acontecia com Isaque e Rebeca (cf. Gênesis 26.8).

Há também casais que se envolvem com o corpo, mas deixam de fora os sentimentos. Apenas cumprem um dever moral. Muitos deles são fiéis a Deus, sinceros, e mantêm uma família bonita, porém são deficientes ao comunicar a erotização do amor. E, por não compreenderem essa linguagem, tornam-se frios. Para eles, melhor seria um lar construído sem sexo.

Certo dia, fui aconselhar um casal que estava passando por um problema conjugal. O marido declarou que não aguentava mais aquela vida porque, depois de tanto tempo de casados, a esposa continuava a dizer que só fazia sexo porque era o jeito, pois viveria muito bem sem isso. Percebi quanto ela estava perdendo por não aproveitar uma bênção tão importante. Além disso, estava se esquecendo de que uma das responsabilidades da mulher casada é agradar o marido (cf. 1Coríntios 7.34).

Em casos como esse, a melhor solução é o homem e a mulher buscarem redescobrir o próprio corpo. Quando alguém ama a si mesmo e se sente à vontade com sua compleição física, o erotismo é desenvolvido a contento. Paulo fala da importância de o marido amar a esposa "como ao próprio corpo" (cf. Efésios 5.28,29). Quem sabe o valor e as potencialidades do corpo vive desprendido de qualquer inibição, o que é fundamental para que o casal desfrute ao máximo da vida sexual.

> *Quando alguém ama a si mesmo e se sente à vontade com sua compleição física, o erotismo é desenvolvido a contento.*

Só há verdadeiro erotismo quando homem e mulher, com gratuidade, deixam de lado a solenidade e o espiritualismo exagerado e se entregam a brincadeiras, cientes de que Deus lhes deu um corpo para desfrutarem do melhor do sexo. O casal se encontra de fato na vida a dois quando ambos se veem crianças outra vez.

Casais que exploram o aspecto lúdico do erotismo terão mais facilidade para serem criativos. Basta lembrar que a criança se diverte o dia todo, sempre inventando novas brincadeiras. Alguns estudiosos, ao comentar Provérbio 8.30, afirmam que Deus criou o mundo dessa forma. O casal que vê o sexo como recreação acaba se descobrindo em um universo da felicidade amorosa.

A criança expressa sua personalidade ao brincar. Ela demonstra quem de fato é. Muitas esposas fingem prazer para o marido, e muitos deles dissimulam a insatisfação no relacionamento sexual. Mas os casais que se divertem de verdade voltam a ser o que eram, sem máscaras nem dissimulações, e nessas horas deixam aflorar seus reais sentimentos. Se aprenderem de fato a desfrutar da vida a dois, serão sempre jovens, afinados, apaixonados, e jamais cairão na rotina ou em uma vida insípida.

Nenhum texto bíblico proíbe a criatividade do casal. A expressão física de marido e mulher na busca sincera do prazer, em que um procura levar o outro à felicidade, encontra pleno apoio bíblico. Deuteronômio 24.5 diz que o homem recém-casado não deve ir para a guerra, a fim de "fazer feliz a mulher com quem se casou". Isso "mostra a alta consideração reputada ao casamento, ao isentar os homens do serviço militar e de outros serviços públicos durante o primeiro ano de casamento".[3]

---

[3] FORD, Jack; DEASLEY, A. R. G. "O livro de Deuteronômio". In: HERBERT, George Livingston et al. (Org.), **Comentário bíblico Beacon**. v. 1, p. 465.

A linguagem sexual

Casais que se inibem, não se entregam com prazer à vida a dois nem deixam as paixões desabrocharem, ainda precisam amadurecer. Um exemplo bíblico é o de Raquel, uma das esposas de Jacó. Certo dia, quando ele chegava do campo, ela lhe disse que iria passar a noite com ele, "[...] pois eu comprei esse direito com as mandrágoras do meu filho" (Gênesis 30.16). Já no texto de Salomão, a Sulamita convida o amado a fugirem para o campo e diz que ali lhe dará seu amor (cf. Cântico dos Cânticos 7.11,12). As atitudes dessa mulheres não as envergonhavam, apenas evidenciavam o desejo de serem felizes na vida sexual. A desinibição levará ao coito perfeito.

DESINIBIDOS NO AMOR

O texto bíblico diz: "O homem e sua mulher viviam nus, e não sentiam vergonha" (Gênesis 2.25). No original, a palavra hebraica indica que entre eles não havia embaraço nem qualquer tipo de desapontamento, ou seja, ambos estavam desinibidos para o amor. Russell N. Champlin comenta:

> "Sentiam-se à vontade um com o outro, sem temerem exploração ou potencialidade para o mal" (Allen P. Ross, *in loc.*) [...]. Alguns supõem que Adão e Eva tinham uma espécie de campo de luz ou aura em torno de seus corpos. Mas o texto sagrado não dá nenhum indício disso. A maior parte dos eruditos admite total nudez (sem nenhum pejo). Platão dizia algo similar acerca dos primeiros homens, produzidos da terra [...]. A nudez, naturalmente, sugere a *impecabilidade*. Após a queda, eles tentaram cobrir a sua nudez. Provavelmente, um aspecto dessa impecabilidade não envolve a consciência e as paixões produzidas pelo desejo sexual descontrolado. [...] "Houve um

tempo em que os homens podiam manter-se de pé diante de Deus, sem nenhum embaraço. Mas, depois do pecado, envergonhavam-se culposamente tanto diante de Deus quanto na presença uns dos outros. Mas as folhas de parreira que tentaram coser não foram o bastante. Em última análise, *o próprio Deus* precisa vesti-los com aquilo que envolve dor, sangue e sacrifício" (Walter Russell Bowie, *in loc.*).[4]

Naturalmente, às vezes, a inibição entre um casal se dá por questões de saúde. Um amor ardente requer que tanto o marido quanto a esposa sejam bem resolvidos e ajustados no campo espiritual, físico e social, pois a entrega que o ato exige não envolve apenas o corpo, mas também sentimentos, emoções e mente. Se há frigidez por parte dela ou se ele sofre de disfunção erétil, um especialista deve ser consultado.

Deus fez o homem e a mulher para serem sexualmente felizes, mas, quando um dos dois ou ambos se fecham, a frieza passa a dominar, e a vida a dois pode se tornar complicada, com transferência de culpa, acusações infundadas e falta de aproveitamento do melhor do sexo. Os especialistas afirmam que o motivo de muitos casos extraconjugais são os relacionamentos frios e sem paixão.

É óbvio que nem toda infidelidade conjugal é simples resultado de esfriamento da relação. Contudo, temos de levar em consideração que pequenas rachaduras podem fazer uma barragem estourar. É o caso do adultério, que a

---

[4] CHAMPLIN, Russell Norman. **O Antigo Testamento interpretado**: Versículo por versículo. São Paulo: Hagnos, 2001, v. 1, p. 29.

Bíblia definitivamente condena (cf. Êxodo 20.14; Mateus 5.27; Marcos 10.19; Tiago 2.11). Um descuido da esposa ou do marido pode gerar um casamento sem vida. Há casamentos em que o amor erótico não existe mais: não há tratamento respeitoso nem palavras de carinho, beijos, abraços ou fantasias. Assim, é fácil que um dos cônjuges, em ambientes como o trabalho ou em viagem, acabe se envolvendo em traições amorosas.

É difícil mensurar as feridas causadas por uma traição, mas convém lembrar que elas nem sempre são incidentais. Quase sempre são originadas em um relacionamento frio. Por isso, marido e esposa devem cuidar da vida sexual, jamais privando o outro ou se deixando dominar pela inibição, mas cultivando a alegria de desfrutar do amor ao máximo.

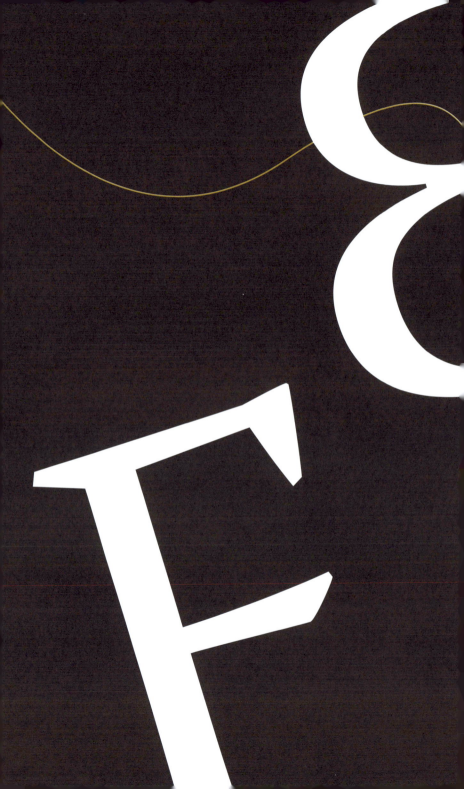

SETE

FILHOS, UMA BÊNÇÃO DO SEXO

Filhos que geram problemas são resultados de diversos fatores:

criação, amor mal direcionado, mau exemplo, falta de carinho e outros.

O salmista declara: "Os filhos são herança do Senhor, uma recompensa que ele dá" (Salmos 127.3), o que nos leva a entender que a chegada dos filhos, como resultado do relacionamento sexual, é a encarnação do amor (cf. Gênesis 2.24). No entanto, muitos lares entram em conflito por causa deles. Se o apóstolo Paulo fala de filhos "que matam pai e mãe" (cf. 1Timóteo 1.9), podemos nos perguntar: afinal eles são bênção ou não para nós?

Filhos que geram problemas são resultados de diversos fatores: criação, amor mal direcionado, mau exemplo, falta de carinho e outros. Para citar um exemplo, a rivalidade entre os dois filhos de Isaque, nascidos como resposta à oração, foi resultado de um péssimo comportamento de seus pais, que mostravam favoritismo: o pai a Esaú e a mãe a Jacó (cf. Gênesis 25.28). Para evitar esse tipo de erro, é fundamental que os genitores procedam como Manoá, que consultou a Deus sobre a melhor maneira de educar seu filho, Sansão (cf. Juízes 13.12). Sabemos que o desobediente Sansão não é o melhor exemplo possível de filho, pois ele cometeu muitos erros ao longo da vida, mas isso não muda o fato de que seu pai buscou o Senhor para saber como criá-lo com excelência.

A ORDEM DE MULTIPLICAR A FAMÍLIA

A fecundidade é uma bênção, e o casal deveria cumpri-la cabalmente (cf. Gênesis 1.28). Houve épocas em que alguns países tentaram conter o crescimento populacional, sob diversos argumentos, como a questão demográfica e problemas sociais e educacionais. Na época do nascimento de Moisés, o faraó queria impedir o crescimento do povo hebreu e chegou a tomar a criminosa medida de exterminar os recém-nascidos do sexo masculino para levar seu plano a efeito, porque temia uma futura revolta (cf. Êxodo 1.16).

Além disso, é temerário o crescimento da população, pois envolve questões como educação, segurança, ecologia, espaço e — talvez o fator mais significativo — o aspecto financeiro. No mundo de hoje, devemos refletir sobre a responsabilidade de pôr filhos no mundo, pois o panorama que se descortina de modo global é assustador. Países são dominados pela fome e pela falta de segurança, que desencadeiam ondas de violência. Estamos vivendo uma explosão demográfica e, com isso, os problemas sociais só se avolumam. Mas cremos que o homem moderno, com seus avanços e conquistas já alcançadas nos campos tecnológico e científico, acabará encontrando uma saída, sem ter de apelar para métodos desumanos, como adotar uma política de repressão à natalidade que mate crianças no útero. À luz da Bíblia, a fecundidade é uma bênção, e todo método de controle deve estar pautado na prudência e no respeito à vida humana.

Os filhos não devem ser meros brinquedos para os pais, afinal são "como brotos de oliveira" (cf. Salmos 128.3) no lar de um casal que teme a Deus. A beleza do nascimento de uma criança como presente do Senhor está sendo apagada desta sociedade controlada por desejos sexuais, prazeres e riquezas e não mais atraída pela beleza da vida, do amor e do encanto. Já vi maridos brigarem com a esposa quando ela engravida, mas quem conhece a Escritura sabe que a chegada de um filho é motivo de grande alegria (cf. Gênesis 21.6).

Nos dias de hoje, algumas mulheres querem ser mães pelos motivos errados. Por exemplo, a jovem que engravida para prender o rapaz ou a mulher que quer garantir a herança de um marido rico. Também há mães que jogam nos filhos a culpa pela sua infelicidade no casamento, mas os pais sempre serão os principais responsáveis por eles, porque a fecundidade é uma bênção de Deus e deve ser valorizada como tal.

PAIS RESPONSÁVEIS

Querer ter filhos é maravilhoso, porém tal desejo deve estar acompanhado da disposição de criá-los com todo carinho, amor e responsabilidade. Não basta trazer filhos ao mundo, é preciso estar consciente do que eles precisam para se desenvolverem e serem bênçãos em nossa vida.

O estilo de vida do presente século tem se infiltrado nos lares. Antigamente, os casais de qualquer condição social sempre viam a chegada dos filhos como bênçãos do Senhor, porém a nova modalidade social mudou por completo essa expectativa: atenta-se agora para questões como renda familiar e habitação, entre outras, de modo que a visão bíblica aos poucos foi se perdendo.

Querer ter filhos é maravilhoso, porém tal desejo deve estar acompanhado da disposição de criá-los com todo carinho, amor e responsabilidade.

Afirmamos que a responsabilidade dos pais em trazer filhos ao mundo envolve três fatores: saúde, ordem familiar e situação econômica. No contexto vivencial de hoje,

É bom que os pais em tudo busquem a orientação divina,

a fim de não se submeterem a um sistema que interfere na vida familiar.

é preciso atentar para as questões elencadas acima, porém sem desprezar o espiritual. É bom que os pais em tudo busquem a orientação divina, a fim de não se submeterem a um sistema que interfere na vida familiar sem levar em consideração suas particularidades. Tim e Beverly LaHaye falam de tal modo sobre a paternidade responsável, que julgo importante mencionar:

> A Bíblia não diz nada sobre o número de filhos que cada pessoa deve ter aqui na terra. Deus deixa a nosso critério esta decisão. Nós, pessoalmente, cremos que ele não é contrário à limitação de filhos, mas cremos também que ele é contrário à supressão total deles. Quase todos os crentes hoje parecem aceitar a ideia de limitar o número de filhos. Por que afirmamos isso? Segundo a ciência médica, uma mulher normal, se não utilizar nenhum tipo de controle, pode ter até vinte filhos durante os anos de fertilidade. E como nunca encontramos uma família com vinte filhos, concluímos que todos estão utilizando um ou outro meio para redução desse número. Encarando o fato de modo realístico, cremos que cada casal deve colocar no mundo, com oração e planejamento, o número de filhos que julga poder educar corretamente para servir a Deus, recebendo cada um como uma dádiva dele.[1]

Há mulheres que decidem ter apenas um filho — ou nenhum —, porque não querem estragar seu belo corpo. Também existem casais que não querem ter mais de um filho para evitar maiores preocupações. Diante de tais motivações, cabe aqui a pergunta: esse posicionamento está de acordo com a vontade de Deus?

---

[1] LAHAYE, Beverly e Tim. **O ato conjugal**. Belo Horizonte: Betânia, 1989, p. 180-181.

No mundo pós-moderno, vários fatores influenciam a limitação no número de filhos ou mesmo a decisão de não os ter. Tal sentimento se manifesta devido a um interesse apenas material, intelectual ou prazeroso. Entendemos que certas condições podem ser levadas em consideração, como questões psicológicas, econômicas e habitacionais, todavia, jamais se deve desprezar o desejo de ter filhos, pois é bênção de Deus para todos.

GERAÇÃO DE FILHOS: SOBERANIA DIVINA E INTERVENÇÃO HUMANA

Muitos cristãos questionam a intromissão do casal na geração de filhos, pois antigamente só era interrompida por ação direta do Senhor, ou seja, a mulher continuava procriando enquanto tivesse potencialidade para tal. Até o século passado, havia casais com mais de vinte filhos. Nos dias de hoje, os métodos contraceptivos são largamente utilizados, tanto os naturais quanto os artificiais. Mas como fica a questão da soberania nesse cenário?

Os procedimentos naturais de contracepção, como o coito interrompido, não implicam uma interferência na vida do casal. Já os métodos artificiais — camisinha, pílula, cirurgia, etc. — representam uma intromissão nos aspectos físico e sexual dos cônjuges.

Há muitos séculos, os líderes eclesiásticos têm se digladiado sobre o que seria imoral ou aceitável nessa questão. Alguns eram a favor apenas dos métodos naturais, embora houvesse oposição ao coito interrompido, por causa do episódio de Onã, que "toda vez que possuía a mulher do seu irmão, derramava o sêmen no chão" (cf. Gênesis 38.9).

Filhos, uma bênção do sexo

O artifício usado pelo filho de Judá não agradou ao Senhor, que matou o rapaz. No entanto, o motivo do castigo foi a recusa em cumprir a lei do levirato, a fim de não dar descendência ao seu irmão, de modo que o texto bíblico não serve de fundamento para contestar a prática.

Não se pode negar que já houve muitas ações e teorias esdrúxulas contra os métodos contraceptivos, com base no conceito platônico, segundo o qual o corpo é maléfico, a prisão da alma, de modo que se desprezava o prazer sexual, com ênfase apenas na procriação. Isso serviu de base para interpretações equivocadas, a ponto de se determinar os dias em que se poderia fazer sexo ou não. Supunha-se até que o esperma seria um homem em miniatura. Mas, como já explicamos, nada disso encontra apoio nas Escrituras.

Com os avanços na área da contracepção, não demorou para que os membros de igreja aderissem ao fenômeno, e logo veio a reação contrária por parte dos líderes. A Igreja Católica, por exemplo, posicionou-se com ferrenha oposição aos novos métodos, sob a alegação de que se tratava de uma interferência na força procriadora de Deus e da natureza e que, portanto, quem os adotasse incorria em grave pecado. O papa Pio XII, por exemplo, manifestou-se oficialmente contra os meios artificiais.

A verdade é que as coisas mudaram, e passou a prevalecer o aspecto personalista evolutivo.[2] Também se

---

[2] A abordagem personalista procura dar importância à individualidade, com respeito pelas escolhas de cada pessoa, visto que cada indivíduo é único e tem suas próprias necessidades e seus valores. Na abordagem evolutiva, o que se quer salientar é um relacionamento de crescimento contínuo e adaptação, visando à capacidade de aprendizagem em conjunto.

Se um casal adota um método contraceptivo como forma de garantir uma **paternidade equilibrada e responsável no futuro, isso é louvável.**

procura destacar a importância de o casal se preservar fisicamente, com vistas à sobrevivência do lar, de modo que, se for necessário o uso de um método artificial para esse fim, ele será levado em consideração. Diante disso, o discurso eclesiástico com certeza não conseguirá se manter.

Contudo, quanto ao uso do método artificial e da intromissão científica na vida conjugal, o problema não foi definitivamente resolvido, de modo que ainda hoje há dissonâncias sobre o assunto, uns concordando e outros discordando. Mesmo assim, os casais cristãos seguem com a vida, uns adotando contraceptivos e outros não. Alguns teólogos já entenderam que, quanto ao método adotado, se natural ou artificial, a decisão é exclusiva do casal, que deve apenas atentar para algumas orientações de seus líderes.

Diante do exposto, entendemos que cabe aos pastores proporcionar uma boa orientação aos casais, em especial no tocante aos métodos, sem dar ênfase aos naturais como divinos, mas também sem valorizar em excesso os artificiais.

No geral, como já foi dito, a questão não reside no método em si, mas no propósito. Pensemos: se um casal adota um método contraceptivo como forma de garantir uma paternidade equilibrada e responsável no futuro, isso é louvável. Já quem o faz apenas por motivos egoístas, com certeza desprezará a bênção bíblica da fecundidade.

E QUANTO ÀS PROVIDÊNCIAS PARA GERAR FILHOS?

Outra situação que envolve a reprodução é a oposta, ou seja, a de casais que não têm filhos e os desejam ardentemente, mas têm dificuldades de gerar. Hoje, graças aos avanços da tecnologia, existe a inseminação artificial, dentre outros recursos que visam solucionar o problema da esterilidade. E o mesmo questionamento da seção anterior se aplica a esse caso: estaria a intervenção humana ferindo a soberania divina?

De fato, a ciência genética, por manipular a vida, tem gerado acirradas discussões éticas, e esse tipo de intromissão pode causar impacto negativo na vida conjugal. No caso da inseminação artificial, ela pode ser feita com o sêmen do marido. Mas há quem considere a coleta do material por meio da masturbação um ato imoral, enquanto outros entendem que a intenção de produzir vida torna-o justificável.

A situação é mais complicada quando o sêmen não é o do marido, por ser uma contribuição extramatrimonial. Vários outros problemas podem advir dessa decisão. Por exemplo, a esposa poderá querer conhecer o doador ou o filho, mais tarde, conhecer o pai. Mesmo quando todo o processo é feito no anonimato, nada garante que não haja consequências. O preparo emocional do marido dificilmente será satisfatório, se levarmos em consideração a natureza humana, em especial com relação ao homem.[3]

---

[3] Sabemos que o preparo emocional difere de pessoa para pessoa, o que independe do gênero. Ao se afirmar que o preparo emocional do marido seria dificilmente satisfatório com base na natureza humana, em especial os homens, isso se deve especialmente em decorrência da influência de estereótipos de gêneros, que afirmam que os homens são menos expressivos emocionalmente. O homem e a mulher são capazes de expressar suas emoções. No que diz respeito à capacidade emocional e ao preparo emocional de um indivíduo, isso engloba diversos fatores, como ambiente cultural, experiência de vida, personalidade única. Existem homens que são capacitados emocionalmente e sabem como expressar muito bem suas emoções.

Filhos, uma bênção do sexo

No dia 25 de julho de 1978, nascia Louise Brown, o primeiro bebê de proveta, que foi notícia em todo o mundo. Para os cientistas, constituiu um feito espetacular, porém as reações foram as mais diversas, tanto positivas quanto negativas. De um lado, estavam os que achavam que a fertilização *in vitro* não tinha a aprovação divina; do outro lado, havia os que afirmavam que, se o casal só pudesse realizar seu sonho dessa forma, o uso desse recurso era justificável. Também alguns, por entender que o zigoto — o óvulo fecundado — não é uma pessoa, não veem problema na escolha de um em detrimento dos demais na hora da fecundação. Para outros, essa seleção representa falta de respeito pela vida.

Como se pode ver, o assunto é por demais delicado, e uma aprovação direta, sem reflexão nem análise bíblica, pode ser precipitada. Em qualquer caso, faz-se necessária uma investigação acurada, a fim de que ninguém tome uma decisão da qual venha a se arrepender. Ainda que alguns achem justificáveis esses métodos, não podemos desprezar as questões de teor moral e ético. Portanto, não se tem ainda uma resposta definitiva para todos esses questionamentos.

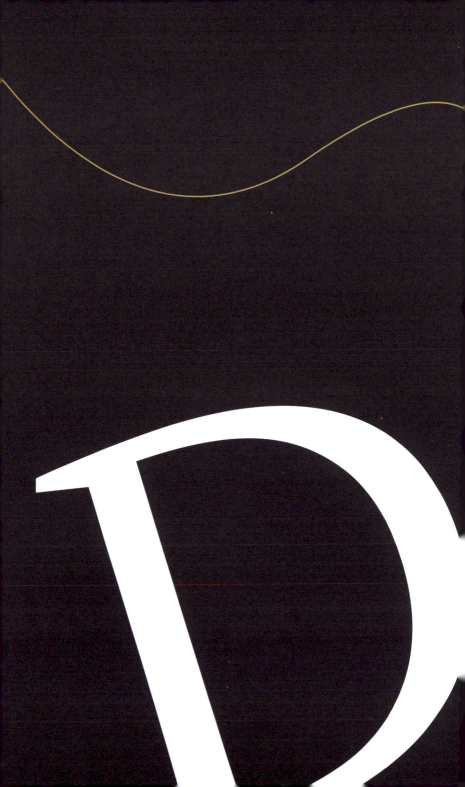

OITO
DESVIOS SEXUAIS

Há vários tipos e níveis de desvios sexuais, de acordo com o descrito na Bíblia.

Alguns deles beiram a monstruosidade, enquanto outros configuram anomalias.

É aceitável ter uma vida sexual marcada pelo erotismo, que envolve carícias e fantasias. Porém, devemos cuidar para não ir a extremos, à procura de fontes de prazer que firam os princípios bíblicos. As Escrituras contêm orientações corretas sobre as formas de relação sexual permitidas ou não. O capítulo 18 de Levítico é explícito quanto às práticas proibidas, como relações incestuosas, intercurso homossexual, adultério e zoofilia, algo que Deus especificou para proteger o casamento e evitar que o povo de Israel assumisse hábitos pervertidos de outras nações.

Há vários tipos e níveis de desvios sexuais, de acordo com o descrito na Bíblia. Alguns deles beiram a monstruosidade, enquanto outros configuram anomalias. Neste capítulo, vamos analisá-los, classificando-os da seguinte maneira:

- Perversão quanto ao sujeito;
- Perversão quanto ao modo;
- Perversão quanto à idade;
- Perversão quanto ao objeto:
- Perversão quanto à percepção;
- Anomalias leves.

PERVERSÃO QUANTO AO SUJEITO

Nesta categoria, incluímos o narcisismo e a homossexualidade.

Narcisismo

O narcisista só pensa em si mesmo, busca apenas o próprio prazer e não dá a mínima importância para os sentimentos dos outros. Em geral, é alguém atraente, bonito e sedutor, e sua conversa é encantadora. No entanto, ele não está interessado em relacionamentos sérios, tem um senso inflado da própria importância e sua maior preocupação é a imagem pessoal.

Você já deve ter ouvido alguém dizer: "Conheci uma pessoa, e antes tudo era bom e perfeito, mas agora só importa a vontade dela, sem levar em conta meus desejos e sentimentos. Ela se julga superior e não me valoriza". Eis o retrato de um narcisista sexual. A convivência com esse tipo de indivíduo é sempre dolorosa, pois o parceiro ou cônjuge é visto apenas como objeto e geralmente acaba relegado a uma condição degradante.

Por se julgar superior aos outros, o narcisista jamais reconhece seus erros e, portanto, sempre lançará a culpa sobre alguém. É impossível ser feliz com um narcisista, porque ele só pensa em si, nunca no outro. Esse relacionamento jamais será marcado por respeito, diálogo, prazer e crescimento, pois apenas um domina e não se abre para mudanças. Tudo gira em torno da satisfação de seus desejos.

A Bíblia relata o caso de uma mulher que sofria por estar casada com um homem descrito como "rude e mau" (cf. 1Samuel 25.3). Até seu nome dizia quem ele era, porque Nabal vem de uma raiz hebraica que significa "estúpido", "doido", "insensato", "tolo" (v. 25). Já a esposa dele, Abigail, é retratada como "inteligente e bonita". Era uma pessoa boa, agradável, fácil de se conviver e dona de grande beleza física. Ela suportava a convivência com o marido apenas por temor a Deus. Devido à sua malignidade, Nabal não conseguia ver o que Davi enxergou em Abigail: uma mulher bela, amável e muito sábia.

Naturalmente, o narcisismo não se restringe aos homens. A mulher com esse desvio é aquela que obriga o marido a andar conforme suas regras e a realizar todos os seus desejos. Ela o manipula com o sexo, usado como recompensa ou como castigo.

A Bíblia combate terminantemente o narcisismo sexual, pois Deus requer que os cônjuges se amem, se respeitem e valorizem um ao outro. Quem sofre dessa anomalia deve procurar a ajuda de especialistas e, no caso do cristão, conversar com seu líder espiritual, caso tenha conhecimento do assunto e possa prestar um auxílio efetivo.

Homossexualidade

O cristão não deve discriminar ninguém, pois Jesus ensinou que devemos amar ao próximo como a nós mesmos (cf. Marcos 12.31), inclusive quem opta pelo estilo de vida homossexual. Contudo, jamais concordaremos com tal prática, uma vez que a Bíblia a condena. Quanto à nossa exposição do tema, ela não se baseará em suposições absortas, mas em referenciais científicos, como a obra do padre holandês Jaime Snoek.

Antes de prosseguirmos, é preciso distinguir alguns termos, para que tenhamos uma boa compreensão do assunto:

- *Homossexual.* É aquele que sente atração por alguém do mesmo sexo.
- *Transexual.* É aquele que tem um sexo psicológico oposto ao genital.

- *Travesti.* É aquele que sente prazer erótico ao vestir roupas do sexo oposto.

É certo que há toda uma diversidade de termos relacionados ao assunto, pois o tema é amplíssimo, mas esses são os mais conhecidos, e essa diferenciação é importante para nossa tratativa do tema.

A origem da homossexualidade

Cientistas, religiosos, psicólogos e psicanalistas têm procurado responder etiologicamente à pergunta sobre a origem da homossexualidade. As respostas para esse questionamento são bem variadas e há muitas teorias, mas como pontua Jaime Snoek, há três pontos mais aceitos:

a) Fatores fisiológicos

Fisiologia é a ciência que trata das funções dos órgãos nos seres vivos. Envolve as questões genética, hormonal e morfológica, porém, a origem da homossexualidade jamais foi comprovada nesse campo. Portanto, não se sabe se a pessoa nasce dessa forma ou se a causa está em algum problema hormonal.

b) Fatores familiares

Nesse particular, os fatores são variados e envolvem situações conflitantes. Acredita-se que a homossexualidade pode ter sua causa na família. Por exemplo, a mãe que sofreu estupro ou é frustrada no casamento, que não desenvolveu exatamente uma convivência maravilhosa com o marido, vive repetindo que os homens não prestam — o que poderia levar a filha a ter um olhar negativo para os homens.

Outro caso é o da mãe que leva o filho a pensar que ela é única, a dita "supermãe", e cria um rapaz dependente.

Um terceiro fator seriam pais exigentes que querem forçar o filho a demonstrar uma virilidade além das possibilidades dele. Ou, ainda, o pai que espera nascer um filho, e vem uma filha, o que o leva a descarregar nela sua infelicidade.

c) Fatores sociais

Uma das causas supostas da homossexualidade deriva do igualitarismo, por meio do fator unissex. Certos comportamentos são desenvolvidos por pessoas do mesmo sexo confinadas em certos lugares, como navios, internatos e prisões. Na antiga Grécia, o menino ainda bem cedo era tirado da mãe e levado para conviver apenas com homens, de modo que ele perdia a identidade masculina.

Alguns pesquisadores afirmam que a homossexualidade pode surgir de convulsões sociais, como forma de manifestação agressiva usada para repudiar ou atacar as bases das instituições.

Há também o caso de pessoas mais influenciáveis — menores, por exemplo — seduzidas por alguém mais experiente ou que exerce sobre elas algum tipo de poder. Isso pode acontecer no campo religioso, na política, na vida profissional e assim por diante.

A homossexualidade é uma doença?

Vários cientistas e pesquisadores, como os psiquiatras Richard von Krafft-Ebing (1840-1902) e Marcel Eck (1907-1989), e a própria Associação Americana de Psquiatria estabeleceram que homossexualidade não é um transtorno mental. Freud também era da mesma opinião.

Para o pai da psicanálise, a homossexualidade é um desvio sexual, mas não uma doença. De uns anos para cá, uma intensa campanha midiática tenta convencer o mundo de que se trata de algo tão normal quanto a heterossexualidade. Busca-se também justificar tal prática sob a alegação de que as relações homossexuais existem entre os animais e em várias culturas desde os tempos mais remotos.

Diante do exposto, embora ainda sem comprovação científica, mas com base em fatores dignos de consideração, pode-se concluir que a homossexualidade é um desvio do padrão normal estabelecido para a prática da vida sexual, uma anomalia "impedindo a plenificação humana".[1] A relação homossexual, ainda que seja prazerosa para quem a pratica, foge da padronização estrutural, pois acolhe um ser do mesmo sexo — não existe a outra metade da qual o homem ou a mulher precisa.

Contudo, os cristãos verdadeiros, tocados pelo amor de Cristo e dominados pelos seus ensinos, jamais olharão para alguém com sentimento de segregação, antes seguirão os passos do Mestre, que sempre acolheu a todos com amor e carinho (cf. Lucas 7.39-50; 19.7-9; João 8.4-11). O próprio Paulo glorifica a Deus, pois era "blasfemo, perseguidor e insolente", mas foi alcançado pela sua misericórdia (cf. 1Timóteo 1.13). Assim, devemos dar assistência espiritual a todos, inclusive aos homossexuais, aguardando uma ação transformadora de Deus na vida deles por meio da verdade divina (cf. João 8.32).

PERVERSÃO QUANTO AO MODO

Nessa categoria, destacamos a masturbação, o sadismo, o masoquismo e o exibicionismo, como veremos em mais detalhes a seguir.

---

[1] SNOEK, Jaime. **Ensaio de ética sexual**: a sexualidade humana. São Paulo: Paulinas, 1981, p. 277.

Masturbação

Na sociedade moderna, a masturbação é vista como prática normal, sob o argumento de que se trata de uma forma de descobrir o corpo e sentir prazer, além de resolver o problema do orgasmo. Sexólogos modernos dizem que não é recomendável evitar que a criança toque seus órgãos genitais e que, se elas forem tolhidas dessa prática, podem ser prejudicadas. Ela ocorre com maior frequência entre adolescentes e, na maior parte, entre os homens — cerca de 90%, contra 50% das mulheres.

A masturbação sem controle pode virar vício. Talvez por temer que todo jovem acabasse abraçando a prática, a igreja cometeu exageros ao longo dos séculos. Por exemplo, dizia-se que masturbar-se poderia levar a pessoa a ficar cega ou a desenvolver doenças mentais. Chegou-se a colocar gelo nos órgãos dos meninos e a cauterizar o clitóris nas meninas para impedir que se masturbassem.

A realidade é que a Bíblia não se pronuncia sobre o assunto (nem mesmo no caso de Onã, pois a questão ali é outra, como já vimos). Os pastores sabem que a melhor maneira de evitar que os jovens — e até mesmo os casados — venham a se tornar dependentes da masturbação é ressaltar a importância de viver em comunhão sincera com Deus, sempre levando em conta que nosso corpo é o templo do Espírito Santo (cf. 1Coríntios 6.19). Uma fé comprometida com o Senhor ajudará os jovens a vencer essa fase.

> *Sexólogos modernos dizem que não é recomendável evitar que a criança toque seus órgãos genitais e que, se elas forem tolhidas dessa prática, podem ser prejudicadas.*

Os sádicos sentem prazer causando dor física e emocional nas suas vítimas e, como se pode deduzir,

não estão interessados em um relacionamento saudável.

Já o indivíduo casado, que acaba desprezando o cônjuge por causa dessa prática, pode precisar de tratamento clínico, além de orientação espiritual. Jaime Snoek alerta sobre o risco desse hábito ser perpetuado:

> Exatamente por ser a expressão de uma fase transitória, esta forma de masturbação está carregada de ambiguidade, como o próprio Freud já observou. Existe o risco de o libidinoso sufocar o afetivo-espiritual, o risco de fixação e regresso, o risco de escapismo na imaginação. Se isto acontecer, o gesto perderia seu caráter transitório para se tornar uma masturbação que encerraria em si seu próprio sentido. Isso sim seria antinatural, prejudicial e até antiético.[2]

Sadismo

Trata-se do prazer diante do sofrimento alheio e se dá por meio da dominação. Os sádicos sentem prazer causando dor física e emocional nas suas vítimas e, como se pode deduzir, não estão interessados em um relacionamento saudável, de respeito, amor e carinho. O casal cristão impregnado pelo amor de Jesus jamais adotaria tal prática (cf. 1Pedro 3.7 e Efésios 5.22,25,28).

Masoquismo

Nesse tipo de perversão, a pessoa tem prazer, especialmente no campo sexual, quando sofre violência física ou psíquica — dor, humilhação, medo. Há casais ou pessoas que gostam desse tipo de sexo. Mais uma vez, reforçamos que tal prática não é benéfica, pois algo feito em nome do prazer que não valoriza o outro, não gera sentimento de respeito

[2] Ibidem.

nem de consideração e não contribui para a construção de uma vida a dois saudável deve ser totalmente desprezado.

Exibicionismo

Refere-se ao indivíduo que tem prazer em mostrar sua nudez sem o consentimento da outra pessoa, mesmo que esteja manifesto o desejo de fazer sexo. Normalmente, no caso dos homens, ele se masturba depois de mostrar o pênis ereto. O objetivo é causar revolta e repugnância, pois nisso consiste seu prazer. Essa prática é proibida no Brasil e classificada como "atentado violento ao pudor", passível de sanções penais. O cristão comprometido com as verdades divinas jamais se comportará dessa forma, pois sabe que deve viver em santidade, correspondendo ao chamado divino (cf. 1Pedro 1.15,16).

PERVERSÃO QUANTO À IDADE

Nesta classificação, estão incluídas a pedofilia e a gerontofilia.

Pedofilia

Em outros tempos, a pessoa que praticava o ato imoral de se relacionar sexualmente com crianças era denominada "pederasta". Embora esse desvio pareça estar em grande propulsão na atualidade, ele é bem antigo. Sabe-se que os romanos, donos de escravos muito jovens, abusavam sexualmente deles. No século 16, os senhores feudais também violentavam crianças indefesas. Até hoje há casos escandalosos envolvendo a Igreja Católica e outras instituições religiosas. A maioria dos casos, porém, ocorrem dentro de casa, o local onde a criança deveria se sentir mais segura. De acordo com algumas estatísticas, a maior parte dos abusos é contra as meninas.

A pedofilia é considerada um transtorno mental, mas não se trata apenas disso. Na verdade, é um desejo descontrolado da natureza pecaminosa por atos imorais e profanos. Um adulto que busca fazer sexo com uma criança, às vezes até com recém-nascidos, tem problemas muito mais profundos. A Bíblia se preocupa com as relações sexuais ilícitas (cf. Levítico 18), com o propósito de preservar a família, e nisso está incluída a proteção de seus membros mais indefesos.

Gerontofilia

Essa palavra é de origem grega, composta por *geron*, "velho", e *philie*, que exprime a noção de desejo ou atração. Trata-se, portanto, da pessoa que tem vontade de manter relações sexuais com pessoas idosas. Desvios desse tipo são classificados também como parafilia — distúrbios psíquicos caracterizados pela preferência ou obsessão por práticas sexuais não aceitas pela sociedade. Esse tipo de transtorno é percebido tanto em homens quanto em mulheres, geralmente ligado à infância.

PERVERSÃO QUANTO AO OBJETO

Vários transtornos estão incluídos nesta categoria.

Fetichismo

No aspecto psicanalítico, trata-se de atração erótica por um objeto ou parte do corpo que substitui os caracteres sexuais.

O fetichismo pode se tornar um problema no relacionamento. Não reprovamos a fantasia, como já explicamos anteriormente, mas esse desvio se torna nocivo quando um objeto se torna indispensável ao ato sexual, em detrimento da pessoa. Se o marido não vê mais a esposa como alvo de seu amor, ou vice-versa, então o fetiche já se tornou um mal, e o casal deve recorrer com urgência a um especialista.

Travestismo

Podemos definir o travestismo como uma forma de fetichismo, pois, no caso, as vestimentas são o fetiche. Essa forma de desvio é vista principalmente no homem que prefere vestir roupas de mulher ou, com menor frequência, na mulher que gosta de usar roupas de homem. No entanto, tais pessoas não desejam mudar de sexo, como é o caso dos transexuais.

Incesto

Trata-se da relação sexual ilícita entre parentes, consanguíneos ou afins, dentro dos graus em que a lei, a moral ou a religião proíbe ou condena o casamento. Embora ao longo da história muitas culturas tenham praticado o incesto, inclusive entre membros da realeza, a Bíblia claramente condena essa prática (cf. Gênesis 19.33-36; 35.22; Levítico 18.17; 20.14; Mateus 14.3; 1Coríntios 5.1).

Necrofilia

Esse desvio consiste na atração sexual mórbida por cadáveres. Essa prática é bem antiga, constatada em tribos africanas e povos da Ásia. Obviamente, uma pessoa em sã consciência logo entenderá que o desejo por um cadáver não pode ser saudável, além de, no Brasil, constituir crime.

Zoofilia

Trata-se de pessoas que fazem sexo com animais. Essa perversão também é combatida pela Bíblia Sagrada, que chamava esse pecado de bestialidade. Nos tempos da Lei, o castigo para essa prática era a morte, tanto do animal quanto da pessoa (cf. Êxodo 22.19; Levítico 18.23; 20.15,16).

PERVERSÃO QUANTO À PERCEPÇÃO

Neste tipo de perversão, destacamos o voyeurismo e o frotteurismo.

Voyeurismo

No voyeurismo, a pessoa sente prazer ao observar a prática do ato sexual ou ao olhar alguém despida. Alguns especialistas afirmam que se trata de algo normal, que só se torna uma doença quando passa a ser a única forma de prazer para a pessoa. Para o cristão, à luz do contexto sagrado, é um tipo de depravação, pois sabemos que o ato sexual é privado, e não devemos deixar que nossas fontes particulares de prazer "transbordem pelas ruas" (cf. Provérbios 5.16,17). Esse momento íntimo não pode ser compartilhado com terceiros, de maneira alguma.

Frotteurismo

Nesse tipo de desvio, a pessoa sente prazer sexual quando se esfrega em outra pessoa ou em um objeto. Há vários registros de homens atrevidos que friccionam o membro em mulheres quando estão no ônibus ou em espaços superlotados, sem o consentimento delas.

ANOMALIAS LEVES

Os desvios nomeados nessa categoria não são formas de perversão sexual, mas surgem de alguma condição física ou psicológica, que em geral precisa de ajuda médica. As anomalias leves podem afetar tanto os homens quanto as mulheres.

Anomalias no homem

As anomalias mais comuns entre os homens são a disfunção erétil e a ejaculação precoce.

Disfunção erétil

Na disfunção erétil, acontece a impotência: o homem não consegue ter ereção, ou seja, o pênis não se firma ou não consegue ficar ereto. É um problema estritamente masculino, no qual o membro permanece flácido, mesmo que o indivíduo esteja sexualmente excitado e ansioso pelo ato sexual.

As anomalias leves podem afetar tanto os homens quanto as mulheres.

A impotência fere o homem em sua masculinidade e faz com que ele sinta vergonha. Mas convém lembrar que alguns problemas relacionados à disfunção erétil podem ser causados por fatores emocionais ou hormonais, como também por hábitos adquiridos durante a vida. Doenças como diabetes e hipertensão podem levar à impotência, assim como o sedentarismo e questões alimentares.

Quem sofre de disfunção erétil precisa procurar a ajuda especializada de sexólogos, psicólogos e outros. A pessoa não deve ter vergonha de se abrir com esses profissionais, pois é um cuidado com a vida conjugal.

Ejaculação precoce

A ejaculação que ocorre de forma muito rápida após o início das carícias ocorre quando o homem não consegue controlar o orgasmo e ejacula em menos de dois minutos, sem dar tempo para que a esposa deleite-se no ato sexual. Esse problema não escolhe idade e pode acontecer em qualquer fase da vida.

A ejaculação precoce pode ter origem emocional — na verdade, é uma das principais causas, em geral, provocada por ansiedade em excesso. Nesse caso, o homem deve lembrar as palavras de Jesus, que nos aconselhou a não andarmos ansiosos por coisa alguma (cf. Mateus 6.25).

O apoio da esposa será importante para resolver o problema, assim como a ajuda de um médico. O marido cristão precisa conscientizar-se de que essa anomalia pode ser resolvida. Além do mais, ele deve se esforçar pela cura, pois é sua obrigação dar à mulher o que lhe é devido (cf. 1Coríntios 7.3).

Anomalias na mulher

As disfunções sexuais femininas podem causar desconfortos como dor, falta de desejo sexual ou mesmo orgasmos em excesso. Em qualquer caso, a situação é desagradável.

As mulheres que sofrem desses desconfortos devem conversar com o marido e procurar a ajuda de um ginecologista, pois só assim conseguirá resolver tais problemas. Entre essas anomalias, podemos listar a frigidez, o vaginismo e a dispareunia.

Frigidez

A mulher com essa anomalia não tem nenhum desejo de fazer sexo e não corresponde às ações do marido com relação à vida conjugal. Segundo os especialistas, a frigidez resulta também na ausência de excitação sensorial ao contato com o homem. No entanto, Deus não criou a mulher fria, e apenas dois motivos a tornam frígida: a inibição sexual ou problemas de saúde física ou emocional.

Algumas mulheres sofreram traumas em determinada fase da vida, que lhes causou feridas emocionais, de modo que o desejo sexual foi afetado. A esposa cristã deve ter em mente que, se não fosse para fazer sexo com o marido, o Senhor não lhe teria dado a genitália nem toda uma estrutura feminina.

No entanto, há mulheres cristãs que fazem sexo apenas para satisfazer o desejo do marido, sem que elas mesmas experimentem nenhuma satisfação. Isso se dá, em geral, pela convivência com homens que se dizem cristãos, mas são ignorantes e grosseiros demais com a companheira ou egoístas em sua sexualidade, de modo que muitas delas perdem o encanto pelo prazer e pelo amor.

A boa notícia é que a frigidez tem tratamento, e um bom médico ou psicanalista pode trazer de volta o gosto pelo sexo, porque o prazer permanece na mulher, porém como que anestesiado.

Vaginismo

Vaginismo é a contração dos músculos da vagina ao contato com o homem, que torna dolorosa a penetração. As fortes contrações espasmódicas dos músculos da entrada da vagina causam esse bloqueio. Essa anomalia é mais frequente no início do casamento, quando o marido é brutal ou desastrado e provoca alguma ulceração ou arranhadura na parceira. Essas lesões geralmente são dolorosas e provocam por reflexo o fechamento da vagina durante as tentativas de penetração.

A cura do vaginismo consiste em tratar a lesão inicial. O casal deve conversar sobre o problema, e, mais uma vez, a ajuda médica deve ser procurada.

Dispareunia

Dispareunia é a dor que a esposa sente quando o marido a penetra, a qual pode continuar por todo o ato. Isso se dá pela diminuição do fluxo sanguíneo na vagina, que causa enrijecimento. A falta de lubrificação também pode atrapalhar o ato sexual. A solução não é diferente das outras: diálogo entre os cônjuges e ajuda profissional.

CONCLUSÃO

A jornada que empreendemos nas páginas deste livro tem como objetivo iluminar o entendimento da sexualidade humana com a luz da Palavra de Deus, delineando uma visão que honra os preceitos divinos. A relação entre sexo e religião, cuidadosamente explorada, revela-se como parte intrínseca do plano criativo do Senhor.

Nesse sentido, buscamos compreender os cinco aspectos do sexo à luz das Escrituras, numa visão ampla, que abrange os âmbitos biológico, social, religioso, filosófico e psicológico, a fim de proporcionar uma compreensão equilibrada e bíblica. Analisamos a discriminação histórica enfrentada pelas pessoas do sexo feminino, à luz da igualdade inerente na criação de homens e mulheres à imagem de Deus. Contextualizamos o prazer sexual dentro dos limites morais estabelecidos nas Escrituras, respeitando a santidade do relacionamento conjugal. Abordamos a linguagem sexual com a moderação e a reverência que a Bíblia nos ensina. E celebramos a bênção da parentalidade como parte do propósito divino para a união conjugal, enquanto examinamos os desvios sexuais à luz da necessidade de restauração à vontade de Deus.

Meu desejo e minha oração é que as reflexões compartilhadas nesta obra sejam um guia, não apenas para entendermos o papel sagrado do sexo, mas também para vivermos de acordo com os princípios divinos em nossa vida. Que, ao seguir as verdades bíblicas aqui apresentadas, possamos experimentar a plenitude do "melhor" que o sexo, em conformidade com a vontade divina, pode proporcionar em nossa jornada. Que a luz da verdade bíblica continue a nos guiar na busca pela santidade em todas as áreas da existência, inclusive na esfera da sexualidade.

O resumo de nossa abordagem é que o prazer sexual, idealizado por Deus para a humanidade, deve ser obtido dentro dos limites da moralidade bíblica, reafirmando a ideia de que a expressão sexual encontra sua plenitude e santidade dentro dos laços do matrimônio, como delineado nas Escrituras.

> *O resumo de nossa abordagem é que o prazer sexual, idealizado por Deus para a humanidade, deve ser obtido dentro dos limites da moralidade bíblica.*

A exploração da estrutura sexual no contexto bíblico destaca a sacralidade da união conjugal, respeitando a ordem estabelecida pelo Criador desde o princípio. Assim,

Conclusão

a linguagem sexual, abordada com a reverência que a Bíblia merece, destaca a importância da comunicação respeitosa entre parceiros, cultivando um ambiente de entendimento e intimidade, em total submissão ao propósito divino.

Oro que a luz da verdade bíblica continue a nos guiar na busca pela santidade em todas as áreas, inclusive na esfera da sexualidade, para a honra e a glória do nosso Deus.

REFERÊNCIAS BIBLIOGRÁFICAS

Andrade, Marta Doreto e Claudionor Corrêa de. *Responda-me, por favor*. Rio de Janeiro: CPAD, 1996.
Barros, Célia Silva Guimarães. *Pontos de psicologia geral*. São Paulo: Ática, 1997.
Boyer, Orlando. *Toda a família*. Rio de Janeiro: CPAD, 1994.
Brito, Paulo César; Brito, Claudete. *Sexo: Os limites do prazer*. Brasília: Vinde, 1997.
Cabral, Elienai. *A juventude cristã e o sexo*. Rio de Janeiro: CPAD, 1985.
Champlin, Russell Norman. *O Antigo Testamento interpretado: Versículo por versículo*. São Paulo: Hagnos, 2001, v. 1.
Champlin, Russell Norman; Bentes, João Marques. *Enciclopédia de Bíblia, teologia e filosofia*. 4. ed. São Paulo: Candeia, 1995, v. 1.
_____. _____. 11. ed. São Paulo: Hagnos, 2013, v. 6.
Coleman, William L. *Manual dos tempos e costumes bíblicos*. Tradução de Myrian Talitha Lins. Venda Nova: Betânia, 1991.
Costa, Manoel. *Intimidade conjugal*. Fortaleza: Expressão Gráfica, 2016.

COSTA, Samuel da Silva. *A Bíblia, o sexo e a psicologia*. Rio de Janeiro: S. S. Costa, 2003.

CRABB, Larry. *Como construir um casamento de verdade*. Belo Horizonte: Betânia, 1995.

CUTRER, William; GLAHN, Sandra. *Intimidade sexual no casamento*. São Paulo: Cultura Cristã, 2001.

DANIELS, Robert. *Pureza sexual: Como vencer sua guerra interior*. Rio de Janeiro: CPAD, 1997.

DUTY, Guy. *Divórcio e novo casamento*. Belo Horizonte: Betânia, 1979.

DRISCOLL, Mark e Grace. *Amor, sexo, cumplicidade e outros prazeres*. Rio de Janeiro: Thomas Nelson Brasil, 2011.

EARLE JR., Ralph H.; LAASER, Mark R. *A armadilha da pornografia: Orientações para pastores e leigos acerca do vício sexual*. Rio de Janeiro: CPAD, 2002.

ENGELS, Friedrich. *A origem da família, da propriedade privada e do Estado*. Rio de Janeiro: Civilização Brasileira, 1974.

FERNANDES, Calvino Coutinho. *O cristão e o prazer sexual: Respostas que você gostaria de conhecer, mas nunca soube a quem perguntar!* Curitiba: A. D. Santos, 2003.

FORD, Jack; DEASLEY, A. R. G. O livro de Deuteronômio. In: LIVINGSTON, George Herbert, et al. (Org.). *Comentário bíblico Beacon*. Tradução de Luís Aron de Macedo. Rio de Janeiro: CPAD, 2005, v. 1.

FREITAS, José Bezerra de. *Casamento e divórcio na família cristã*. Fortaleza: Gráfica Martins, 1998.

GAIARSA, José Ângelo. *Sexo: Tudo que ninguém fala sobre o tema*. São Paulo: Ágora, 2005.

GALLAGHER, Steve. *Guia bíblico para o aconselhamento de compulsivos por sexo*. Rio de Janeiro: Graça, 2004.

GEBARA, Ivone. *O que é teologia*. São Paulo: Brasiliense, 2006.

GILLHAM, Bill e Anabel. *Ele disse, ela disse*. Rio de Janeiro: CPAD, 1997.

GOMES, Adalberto. *Construindo um lar feliz*. Anápolis: Talmidim, 2018.

_____. *Manual da família no plano de Deus*. Imperatriz: Gráfica Brasil, 2016.

GRIMM, Claudemir. *Uma análise histórica do divórcio à luz da Bíblia*. Blumenau: Nova Letra, 2013.

HART, Archibald D. *Ajudando os filhos a sobreviverem ao divórcio*. São Paulo: Mundo Cristão, 1998.

HUDSON, Kathi. *Criando os filhos no caminho de Deus*. Rio de Janeiro: CPAD, 1997.

JONES, Peter. *O Deus do sexo*. São Paulo: Cultura Cristã, 2007.

Referências bibliográficas

KAHN, Fritz. *Enciclopédia da vida sexual.* São Paulo: Boa leitura, s.d.

LAHAYE, Beverly e Tim. *Respostas francas sobre o sexo no casamento.* Belo Horizonte: Betânia, 1984.

LAHAYE, Beverly e Tim. *O ato conjugal.* Belo Horizonte: Betânia, 1989.

LEITE, Claudio Froz. *Namoro, casamento e sexualidade: Verdades e mentiras.* São Luís: Excelência, 2014.

LINHARES, Jorge. *Viagem a dois.* Belo Horizonte: Getsêmani, 1997.

LONGMAN, Tremper; ALLENDER, Dan B. *Aliados íntimos: Até as últimas consequências.* São Paulo: Mundo Cristão, 1999.

MONDIN, B. *Introdução à filosofia: Problemas, sistemas, autores, obras.* São Paulo: Paulinas, 1980

MARASCHIN, Jaci; PIRES, Frederico Pieper. *Teologia e pós-modernidade: Novas perspectivas em teologia e filosofia da religião.* São Paulo: Fonte Editorial, 2008.

NUTTIN, Joseph. *Psicanálise e personalidade.* Rio de Janeiro: Agir, 1958.

OLIVEIRA, Raimundo F. de. *Ética cristã.* São Paulo: EETAD, 1987.

PALAU, Luis. *Com quem vou me casar?* São Paulo: Mundo Cristão, 1975.

PALLISTER, Alan. *Ética cristã hoje: Vivendo um cristianismo coerente em uma sociedade em mudança rápida.* São Paulo: Shedd, 2005.

PARROTT, Les e Leslie. *Quando as coisas ruins acontecem a bons casamentos.* São Paulo: Vida, 2002.

PLEKKER, Robert. *Divórcio à luz da Bíblia.* São Paulo: Vida Nova, 1985.

Price, Shirley. *Esposa e mãe.* Belo Horizonte: Betânia, 1991.

PRIORE, Mary Del. *Ao sul do corpo: condição feminina, maternidades e mentalidades no Brasil Colônia.* São Paulo: Unesp, 2009.

RENOVATO, Elinaldo. *A família cristã nos dias atuais.* Rio de Janeiro: CPAD, 1986.

RODRIGUES, Daniela Rosário. *Direito civil: Família e sucessões.* São Paulo: Rideel, 2010 (Coleção de Direito Rideel).

ROSENAU, Douglas E. *Celebração do sexo: Um guia para apreciar o presente de Deus no casamento: o prazer sexual.* São Paulo: Hagnos, 2006.

SHELTON, James B. Mateus. In: ARRINGTON, French L.; STRONSTAD, Roger (Org.). *Comentário bíblico pentecostal.* Tradução de Luís Aron de Macedo e Degmar Ribas. Rio de Janeiro: CPAD, 2003.

SMALLEY, Gary; CUNNINGHAM, Ted. *A linguagem do sexo*. Belo Horizonte: Bello, 2008.
SNOEK, Jaime. *Ensaio de ética sexual: a sexualidade humana*. São Paulo: Paulinas, 1981.
SOARES, Arimatéia. *Mulheres sábias e maridos amorosos*. Santa Inês:, s.n., 2014.
SOUZA, Estevam Ângelo de. *... e fez Deus a família*. Rio de Janeiro: CPAD, 1999.
SPROUL, R. C. *Filosofia para principiantes*. São Paulo: Vida Nova, 2002.
TENNEY, Merril C., et al. *Vida cotidiana nos tempos bíblicos*. Tradução de Luiz Aparecido Caruso. 3. impr. São Paulo: Vida, 1988
THORE, Luc. Langage et sexualité. In: ANTOINE, P., et al. *Sexualité humaine*. Paris: Aubier-Montaigne, 1970.
TOMAZI, Nelson Dacio. *Iniciação à sociologia*. São Paulo: Atual, 1993.
VIEIRA, Antonieta Rosa. *A mulher e as pequeninas coisas*. Rio de Janeiro: CPAD, 1971.
VONDEREN, Jeff Van. *Vida familiar transformada pela graça*. Belo Horizonte: Betânia, 1996.
WALTON, John H., et al. *Comentário bíblico Atos: Antigo Testamento*. Tradução de Noemi Valéria Altoé. Belo Horizonte: Atos, 2003.
WEIL, Pierre; TOMPAKOW, Roland. *O corpo fala: A linguagem silenciosa da comunicação não verbal*. Petrópolis: Vozes, 1986.
WEINGAERTNER, Martin. *Orando em família*. Curitiba: Encontro, 2008.
WYRTZEN, Jack. *O sexo e a Bíblia*. Rio de Janeiro: JUERP, 1988.